Haase

Der Steuerkrieg

DER STEUERKRIEG

Wettbewerb der Steuersysteme oder
neue Weltsteuerordnung?

von

Florian Haase

2020

C.H.BECK

www.beck.de

ISBN 978 3 406 75829 4

© 2020 Verlag C.H. Beck oHG
Wilhelmstraße 9, 80801 München
Druck und Bindung: Beltz Grafische Betriebe GmbH
Am Fliegerhorst 8, 99947 Bad Langensalza
Satz: Fotosatz Buck
Zweikirchener Str. 7, 84036 Kumhausen
Umschlaggestaltung: Kunst oder Reklame, München

chbeck.de/nachhaltig

Gedruckt auf säurefreiem, alterungsbeständigem Papier
(hergestellt aus chlorfrei gebleichtem Zellstoff)

Für meinen Vater

Повторение – мать учения

Povtorenije – matj uchenija

Wiederholung ist die Mutter der Weisheit

Vorwort

Dieses Buch beschäftigt sich mit der für die Weltwirtschaft und die an ihr partizipierenden Nationalstaaten wirtschaftlich extrem relevanten Frage, wie Staaten ihre internationalen Besteuerungsansprüche gegeneinander abgrenzen. Es spannt dabei einen weiten Bogen vom „ersten Verteilungskampf" und Kompromiss der 1920er Jahre, an dessen Ende die erste Welle von Doppelbesteuerungsabkommen stand, bis in die heutige Zeit, in der die bisherige Weltsteuerordnung, die sich gewissermaßen eingebürgert und bewährt hat, in ihren Grundfesten erschüttert wird. Angestoßen durch die Digitalisierung, nationalstaatliche Bestrebungen und weitere internationale (politische) Entwicklungen beobachten wir heute, dass die klassischen Anknüpfungspunkte für die Besteuerung v. a. von Unternehmen mit den technologischen Entwicklungen nicht Schritt halten und auch im Übrigen zunehmend in Frage gestellt werden.

Bis dato war die Betriebsstätte der wichtigste steuerliche Anknüpfungspunkt für gewerbliche Unternehmen. Nur wenn eine Betriebsstätte bestand, hatte der jeweilige Betriebsstättenstaat insoweit ein Besteuerungsrecht, und das Besteuerungsrecht des Heimatstaates des die Betriebsstätte betreibenden Unternehmens hatte zurückzustehen. In Zeiten des Internets, in Zeiten von Google, Amazon & Co. jedoch, erscheint dies kaum noch sachgerecht. Physische Anknüpfungspunkte für die Besteuerung erscheinen überdies grundsätzlich nicht in die heutige Zeit zu passen: Kapital und Arbeitnehmer sind extrem mobil, die Abhängigkeit der Unternehmen von immateriellen Wirtschaftsgütern ist größer denn je.

Soll nun aber die Besteuerung z. B. ausschließlich im Heimatstaat des ein Webportal betreibenden Unternehmens stattfinden, oder soll auch der Marktstaat (d. h. der Staat, in dem die Produkte des Unternehmens über das Internet verkauft und in Verkehr gebracht werden) daran teilhaben?

7

Und falls ja, wie genau soll die Gewinnaufteilung vorgenommen werden? Muss nicht überhaupt die gesamte Verteilung der internationalen Besteuerungsrechte neu gedacht werden? Bricht der „alte Konflikt" zwischen Industrienationen einerseits und den Entwicklungsländern andererseits wieder auf, nur nochmals zugespitzt aufgrund der Auswirkungen der Digitalisierung? Die OECD hat sich vorgenommen, bis Ende des Jahres 2020 entsprechende Antworten auf diese herausfordernden Fragen zu finden, was nicht nur wegen der sachlichen Komplexität, sondern auch wegen der Alleingänge einiger Staaten eine Herausforderung bedeutet. Ohne Übertreibung lässt sich jedenfalls sagen: Das Jahr 2020 wird aus steuerlicher Sicht ein historisches sein, und der Ausgang des Verteilungskampfes wird im Anschluss gravierende Änderungen in den nationalen Steuerrechten der Staaten dieser Welt zur Folge haben.

Damit sind wahrhaft große Fragen aufgeworfen, die weit über die rechtstechnische Beantwortung des Einzelfalls hinausgehen. Es geht dabei um nichts Geringeres als – gleichzeitig – die Bekämpfung der internationalen Steuerflucht, die Verhinderung unfairen Steuerwettbewerbs zwischen Staaten, die „gerechte" Verteilung des internationalen „Steuerkuchens", die Herstellung der Wettbewerbsfähigkeit von einzelnen Unternehmen und sogar Staaten und die Erhaltung des althergebrachten Grundsatzes, dass der Steuerpflichtige seine steuerlichen Verhältnisse in den Grenzen der Legalität so gestalten kann, wie es ihm beliebt. Damit steht nicht weniger als eine Zeitenwende in der Verteilung von Besteuerungsansprüchen zwischen den Staaten der Welt bevor. Das Buch beleuchtet in 12 Kapiteln die Hintergründe dieser Entwicklungen und gibt einen Ausblick auf mögliche Folgen. Nachweise auf weiterführende Quellen finden sich in den Endnoten, soweit es mir sinnvoll erschien. Auch hier habe ich mich aber um laienverständliche, im Internet leicht abrufbare Quellen bemüht.

Zu guter Letzt sei, vor allem gegenüber dem Berufsstand der Juristen, angemerkt, dass es in diesem Buch allein um die laienverständliche Veranschaulichung von Grundzügen geht. Einige Aussagen sind daher sehr vereinfacht, zu Zwecken der Verdeutlichung zugespitzt und nicht immer bis zum letzten theoretischen Ausnahmefall zutreffend.

Ich danke dem Verlag C.H. Beck, allen voran Herrn Dr. Thomas Aichberger, für die Entschlossenheit, sich dieses für die Zukunft des Staatshaushalts der Bundesrepublik Deutschland durchaus wichtigen Themas anzunehmen und auf diese Weise eine breitere öffentliche Debatte über die Rolle Deutschlands im Verteilungskampf über internationale Besteuerungsrechte sowie etwaige Lösungsansätze auszulösen oder diese jedenfalls im Sinne eines Diskussionsbeitrags zu befeuern. Zudem danke ich Herrn Franz Greiling für das umsichtige und zügige Lektorat.

Ebenfalls danke ich der Deutschen Bahn AG, denn das Buch ist ausschließlich auf Bahnreisen im Zeitraum 11/2019 bis 2/2020 entstanden. Zwar waren die Arbeiten daran angesichts der vielen WLAN-Ausfälle ebenso zäh wie das Ringen der Staaten um eine neue Weltsteuerordnung, jedoch wurde dies durch die ebenso zahlreichen wie wundersamen „Verzögerungen im Betriebsablauf" kompensiert, sodass im Ergebnis doch genug Zeit zur Fertigstellung des Werkes blieb.

Hamburg, im Frühjahr 2020   *Florian Haase*

Kapitelübersicht

I.

Einführung

Das Steuerrecht, d.h. all jene rechtlichen Vorschriften, die sich im weitesten Sinne mit der Festsetzung, Erhebung und Beitreibung von Steuern durch den Fiskus befassen, gehört in Deutschland und auch in den meisten Staaten der Welt zum sog. öffentlichen Recht. Das bedeutet, dass das Steuerrecht ein Teil des Hoheitsrechts ist, in dem sich der Staat und der Bürger in einem Über-/Unterordnungsverhältnis gegenüberstehen. Infolgedessen stehen dem Staat recht weitreichende Eingriffs- und Untersuchungsrechte zu, die es ihm ermöglichen, die Erzielung von steuerpflichtigen Einnahmen auf Seiten der Bürger sowie den anschließenden Prozess der Abgabe korrekter Steuererklärungen zu überwachen und ggf. flankierende Maßnahmen zu ergreifen, wenn der Bürger seinen gesetzlichen Pflichten nicht nachkommt. Zusätzlich wird der Steuerpflichtige aufgrund einer in praxi oft bestehenden, manchmal aber auch seitens der staatlichen Stellen nur behaupteten Informationsasymmetrie zwischen Staat und Bürger einer Reihe von insbesondere bei grenzüberschreitenden Steuersachverhalten zum Teil sehr weitgehenden Mitwirkungspflichten unterworfen, die den Staat in die Lage versetzen sollen, seinerseits Schlüsse aus einem bereits verwirklichten Lebenssachverhalt zu ziehen.

Das genannte Über-/Unterordnungsverhältnis und damit das Machtgefälle zeigt sich in der Lebenswirklichkeit oft sehr deutlich. Etwas zugespitzt ließe sich gar formulieren: Der Steuerpflichtige ist, jedenfalls in Deutschland, eine Art Bittsteller im Besteuerungsverfahren. Eine fast „partnerschaftliche Zusammenarbeit", wie man sie teilweise in anderen Staaten beobachten kann (z.B. in Dänemark oder in den Niederlanden), findet nur dann statt, wenn die handelnden Personen (freilich auf beiden Seiten!) gesunden Menschenverstand walten lassen und nicht am Wortlaut des Gesetzes haften. Zarte Ansätze in diese Richtung, etwa zu einer besseren Abstimmung im vornherein (d.h. vor der Verwirklichung eines steuerlich relevanten Lebenssachverhalts) wie z.B. die Einführung der sog. verbindlichen Auskunft, mit der die Besteuerungsfolgen eines steuerlich relevanten Sachverhalts verbindlich zwischen Finanzverwaltung und Bürger festgezurrt werden können, wurden durch die Einführung einer Kostentragung zulasten des Steuerpflichtigen mit dem Jahressteuergesetz 2007[1] wieder zunichtegemacht.

Um nur vier Ausprägungen dieses Befundes zu nennen: Erstens hat die Finanzverwaltung de facto unbegrenzt Zeit und auch ausreichend personelle und finanzielle Ressourcen, um einen Rechtsstreit auch länger als ein Jahrzehnt zu führen. Zweitens: Die rechtspolitisch hochumstrittene „Technik" des sog. Nichtanwendungserlasses, die es so „institutionalisiert" in keinem anderen Rechtsgebiet gibt, ermöglicht es dem Bundesfinanzministerium, höchstrichterliche Rechtsprechung des Bundesfinanzhofs und damit geltendes Recht im Einzelfall außer Kraft zu setzen und den Steuerpflichtigen so in langwierige und kostenintensive Rechtsbehelfsverfahren zu zwingen. Drittens ist gegen die rechtswidrige Nichtumsetzung beispielsweise von Urteilen des Europäischen Gerichtshofs in das nationale Steuerrecht ebenfalls kein Kraut gewachsen. Eine Staatshaftung kommt aufgrund des sog. Beamtenprivilegs im Steuerrecht nur in seltenen Ausnahmefällen in Betracht und richtet sich im Übrigen ohnehin allenfalls gegen die ausführende Gewalt, nicht aber gegen den Gesetzgeber. Aufgrund einer sehr formalen Betrachtungsweise gilt dies ohne Ausnahme, selbst wenn die Finanzverwaltung dem Gesetzgeber aufgrund der größeren Sachnähe in der Praxis stets „die Hand führt" und alle steuerlichen Gesetzgebungsverfahren natürlich auf Ministeriumsebene vorbereitet werden (das sind die sog. Referentenentwürfe des Bundesfinanzministeriums, die in einem gewöhnlichen Gesetzgebungsverfahren den sog. Regierungsentwürfen vorangehen). Und viertens gibt es bei internationalen Steuersachverhalten, die aufgrund einer drohenden Doppelbesteuerung in ein sog. Verständigungsverfahren zwischen zwei Finanzverwaltungen münden, immer noch keinen allgemein verbindlichen Einigungszwang, von den immens langen Verfahrensdauern einmal ganz abgesehen. Insgesamt gilt (leider) im deutschen Steuerrecht schon seit längerem der alte Aphorismus: „Wer der Gerechtigkeit folgen will, muss lange Stiefel haben."[2]

Steuern sind für die öffentliche Hand bzw. den Fiskus (von lat.: fiscus [ursprünglich: geflochtener Korb], Plural: fisci) essenziell, denn mit der Vereinnahmung von Steuern decken Staaten seit jeher den wesentlichen Teil ihres Finanzbedarfs. Der Primärzweck der Steuer ist also die Erzielung von Einnahmen ohne Gegenleistung, wie § 3 Absatz 1 der deutschen Abgabenordnung für das deutsche Recht zwar unmissverständlich, aber doch etwas sperrig formuliert: „Steuern sind Geldleistungen, die nicht eine Gegenleistung für eine besondere Leistung darstellen und von einem öffentlich-rechtlichen Gemeinwesen zur Erzielung von Einnahmen allen auferlegt werden, bei denen der Tatbestand zutrifft, an den das Gesetz die Leistungspflicht knüpft." Es gibt neben den Steuern noch weitere Einnahmequellen des Staates (z. B. Gebühren, Beiträge, Zölle, etc.), die gemeinsam mit der Steuer unter dem Oberbegriff der „Abgaben" zusammengefasst werden, aber die Steuern sind in Deutschland und in vielen Staaten einerseits aufkommensmäßig am bedeutsamsten, andererseits aber auch für den Bürger am meisten und sehr persönlich spürbar.

Neben dem dargestellten rein fiskalischen Primärzweck der Besteuerung treten nach allgemeiner Auffassung verschiedene Lenkungszwecke und Umverteilungszwecke, die sich auch in der Praxis immer wieder zeigen. Im Hinblick auf den Lenkungszweck einer bestimmten Steuer kann diese etwa dem Erreichen oder Verhindern eines bestimmten Verhaltens des Steuerpflichtigen dienen (Beispiel: Tabaksteuer, die – jedenfalls auch – das Rauchen verhindern oder eindämmen soll). Zielkonflikte mit dem Fiskalzweck der Steuer sind dem Dualismus der Funktionen dabei inhärent, aber sie sind annehmbar, wenn man sich vor Augen führt, dass hierbei im Grunde nicht eine maximale, sondern lediglich eine optimierte Zielerfüllung im Vordergrund steht. Hinsichtlich des Aspekts der Umverteilung muss weiter unterschieden werden: Dient die Steuer der Einebnung von Einkommens- und Vermögensunterschieden (egalitaristische Sichtweise) oder sollen Steuern vor allem für eine gerechte Steuerlastverteilung sorgen (liberale Sichtweise)? Für beide Ansätze gibt es überzeugende Gründe, deren Einzelheiten in diesem Rahmen aber einer weitergehenden Lektüre vorbehalten bleiben müssen.[3]

Vor dem Hintergrund, dass die Staatsausgaben für Schuldendienste und laufende Kosten, die historisch mit nur wenigen Ausnahmen per annum stets über den Staatseinnahmen lagen, jährlich steigen[4] (z. B. für Investitionen in soziale Sicherung, in Infrastruktur, in Forschung und Bildung, in die Europäische Union, in den Militäretat, etc.), ist es nur konsequent, wenn sich die Steuerhinterziehung auch in der öffentlichen Wahrnehmung vom Kavaliersdelikt hin zu einer „echten Straftat" gewandelt zu haben scheint. Mit den Steuereinnahmen wird unser deutsches, im internationalen Vergleich sehr auskömmliches, öffentliches Gemeinwesen in all seinen Facetten bestritten, sodass hinterzogene Steuern schlicht dort fehlen, wo sie sinnvoll zum Wohle aller Bürger eingesetzt werden könnten. Steuerhinterziehung ist daher in erster Linie ein Vermögensdelikt gegen die Allgemeinheit, was sie moralisch mangels eines konkret Geschädigten für viele Bürger schwer greifbar macht und in manchen Kreisen ihre nahezu ungebrochene „Beliebtheit" erklärt. Man wird jedenfalls davon ausgehen können, dass Ausweichbewegungen und gegenläufige Reaktionen von Steuerpflichtigen – in der finanzwissenschaftlichen Theorie als sog. Steuerwiderstand beschrieben[5] – so alt sind wie die Steuer selbst.

Die Steuereinnahmen des Bundes und der Länder, die nach einem im sog. Finanzverfassungsrecht des deutschen Grundgesetzes geregelten Mechanismus[6] auf Bund, Länder und Gemeinden aufgeteilt werden, haben nach der letzten Steuerschätzung aus November 2019 im Haushaltsjahr 2019 in der Bundesrepublik Deutschland insgesamt ca. 796 Mrd. Euro betragen.[7] Etwas mehr als die Hälfte der Einnahmen wurden dabei aus Ertragsteuern generiert (davon wiederum in der Hauptsache aus der Einkommen- und Körperschaftsteuer), die im Zentrum der Betrachtung dieses Buches stehen. Über die Verteilung der Steuereinnahmen auf die einzelnen Steuerarten gibt die regelmäßig vom Bundesfinanzministerium herausgegebene sog. Steuerspirale in Form einer Grafik Auskunft.[8] Einzelheiten finden sich in den jährlichen Haushaltsberichten sowie den Publikationen des Bundesrechnungshofes, einem unabhängigen Organ staatlicher Finanzkontrolle. Der Bundesrechnungshof prüft die Haushalts- und Wirtschaftsführung des Bundes, namentlich die jährlichen Einnahmen und Ausgaben des Bundes, die Sozialversicherungsträger sowie das Handeln des Bundes bei privatrechtlichen Unternehmen, an denen er beteiligt ist. Die Ergebnisse seiner Prüfungen fasst der Bundesrechnungshof in Prüfungsmitteilungen zusammen, die er an die geprüften Stellen richtet. Über seine wichtigsten Prüfungsergebnisse unterrichtet der Bundesrechnungshof zudem den Deutschen Bundestag, den Bundesrat und die Bundesregierung, auch wenn leider in der Praxis zu beobachten ist, dass sich diese staatlichen Stellen darum meist nicht „allzu sehr scheren".

Neben dem Befund, dass Steuern primär der Erzielung von Einnahmen durch den Staat dienen, gibt es eine Reihe anderer theoretischer Rechtfertigungsversuche, die sich zugleich mit der ökonomischen Frage beschäftigen, wie Ertragsteuern so austariert werden können, dass sie einerseits die Steuern grundsätzlich gegenüber der Gesamtheit aller

Steuerpflichtigen rechtfertigen und dass sie andererseits Steuerunterschiede zwischen einzelnen Steuerpflichtigen in der Belastungshöhe auch im Einzelfall zu legitimieren vermögen. Die nachstehend nur kurz skizzierten, zwei wichtigsten Grundkonzepte zur normativen Ausgestaltung von Ertragsteuern werden jedenfalls für das deutsche Recht auch vom Bundesverfassungsgericht herangezogen, sie finden sich aber auch in anderen Staaten entsprechend.[9]

Für den Bereich des Ertragsteuerrechts (und hier insbesondere die Einkommensteuer) zentral ist zunächst das Prinzip der Besteuerung nach der wirtschaftlichen Leistungsfähigkeit, das über den allgemeinen Gleichheitssatz (Artikel 3 Grundgesetz) auch verfassungsrechtlich fundiert ist. Dieses Prinzip fußt auf einem (oben bereits angedeuteten) organischen Staatsverständnis, nach dem der Staat ein dem Bürger übergeordnetes, historisch gewachsenes Subjekt ist („Über-/Unterordnungsverhältnis"), ohne welches der Einzelne keine Bedeutung erlangen kann. Die fiskalischen Lasten also sollen hierbei nach der individuellen Leistungsfähigkeit des Einzelnen innerhalb der Gesamtheit der Steuerpflichtigen verteilt werden, womit zugleich ausgesagt ist, dass dieses Prinzip mitnichten dazu taugt, die Besteuerung als solches oder insgesamt zu rechtfertigen. Es geht vielmehr um eine lediglich relative Betrachtung zwischen den Steuerpflichtigen auf Basis einer Leistungsfähigkeit, die anhand des Einkommens bzw. Vermögens definiert wird. Zugleich wird damit impliziert, dass alle Einkünfte addiert werden und einem uniformen Steuersystem zu unterwerfen sind.

Nachdem in der Bundesrepublik Deutschland aufgrund einer Entscheidung des Bundesverfassungsgerichts die Vermögensteuer seit 1997 nicht mehr erhoben wird,[10] soll hier allein als Frage angedeutet werden, was als Einkommen im Sinne des eben genannten Leistungsfähigkeitsprinzips zu verstehen ist (dies gilt ungeachtet der Tatsache, dass die Vermögensteuer – wenn auch anders als im historischen Gewand – prinzipiell jederzeit wieder eingeführt werden könnte und vor jeder Bundestagswahl einige Parteien regelmäßig auch entsprechende Vorschläge unterbreiten – die aufgrund der „Corona-Krise" angestrengten Überlegungen der SPD-Spitze im Hinblick auf eine Vermögensabgabe weisen in eben diese Richtung). Die sog. Reinvermögenszugangstheorie[11] definiert das solchermaßen zu verstehende Einkommen als jenen hypothetischen Konsum, der in einer zeitlichen Periode maximal möglich ist, ohne dass dabei das Vermögen abnimmt. Daher umfasst dieses Einkommenskonzept folgerichtig auch unrealisierte Wertsteigerungen und lediglich einmalige Einkommenszuflüsse. Sie findet sich im Grundsatz im deutschen Einkommensteuergesetz wieder, allerdings nicht in Reinform, da dort durchaus an einigen Stellen z. B. innerhalb eines bestimmten Zeitraums unrealisierte Vermögenssteigerungen auch steuerlich (dauerhaft) unberücksichtigt bleiben (z. B. Wertsteigerungen von Grundstücken nach einer Haltefrist von zehn Jahren im Privatvermögen). Einen Kontrapunkt dazu setzt die wohl älteste finanzwissenschaftliche Theorie zum Einkommensbegriff, die sog. Quellentheorie.[12] Danach sind nur Einkommen, die regelmäßig und nachhaltig aus einer Einkunftsquelle fließen, zu versteuern. Wertsteigerungen bleiben generell außer Ansatz. Elemente der Quellentheorie finden sich ebenfalls im deutschen Einkommensteuergesetz, aber es besteht heute in wissenschaftlicher Hinsicht Einigkeit, dass in Deutschland ein Mischsystem herrscht, das auf eine allgemeine Vermögensdefinition verzichtet und kasuistisch anhand von sieben Einkunftsarten vorgeht, die sämtlich in die Leistungsfähigkeitsbetrachtung einbezogen werden.

Individuelle Leistungsfähigkeit in diesem Sinne meint dabei zweierlei, nämlich einerseits die horizontale Steuergerechtigkeit und andererseits die vertikale Steuergerechtigkeit. Nach der horizontalen Steuergerechtigkeit sollen Steuerpflichtige mit gleichem Einkommen auch die gleiche Steuerlast tragen, während nach der Idee der vertikalen Steuergerechtigkeit Steuerpflichtige mit höherem Einkommen auch stärker belastet werden sollen und können. Dabei soll eine vorgegebene bzw. nach einem bestimmten, gesetzlich festgelegten Mechanismus berechnete Steuerlast so verteilt werden, dass alle Steuerpflichtigen dasselbe (finanzielle) Opfer erbringen, was zur Herausbildung verschiedener „Opfertheorien" geführt hat, die im Grundsatz von einem sinkenden Geldnutzen von Einkünften ausgehen.[13] Nach der Theorie des gleichen absoluten Opfers soll dabei jedem Steuerpflichtigen genau so viel von seinem Einkommen abgenommen werden, dass der absolute Nutzenverlust für alle gleich ist. Die Theorie des gleichen relativen Opfers geht hingegen davon aus, dass jedem Steuerpflichtigen genau so viel von seinem Einkommen abgenommen werden soll und darf, dass der relative Nutzenverlust für alle gleich ist, was zu einer stärkeren Nivellierung der Nettoeinkommen als bei gleichem absoluten Opfer führt. Die Theorie des gleichen Grenzopfers schließlich besagt, dass jeder für den letzten Euro an Steuern den gleichen Nutzenverlust haben soll, was eine vollständige Angleichung der Grenznutzen zur Konsequenz hat.

Dies wirkt freilich allzu theoretisch, weil es letztlich um Annahmen über den Verlauf der Gesamt- und Grenznutzenkurven der Steuerpflichtigen geht. Die Verquickung des Leistungsfähigkeitsgedankens mit dem Primat des Opferkonzepts und der Nutzentheorie wird daher heute als kaum mehr tragfähig angesehen. Das ändert aber nichts daran, dass in praxi das Bundesverfassungsgericht das Leistungsfähigkeitsprinzip bereits in einigen grundlegenden Entscheidungen für das Steuerrecht effektuiert und richterrechtlich ausgeformt hat. Hieraus sind insbesondere die Grundsätze des objektiven und subjektiven Nettoprinzips erwachsen. Das objektive Nettoprinzip besagt, dass alle erwerbsbedingten Aufwendungen die finanzielle Leistungsfähigkeit mindern und mithin kein verfügbares Einkommen darstellen, während nach dem subjektiven Nettoprinzip ausnahmsweise auch bestimmte private Aufwendungen die finanzielle Leistungsfähigkeit mindern können. Aus diesen Grundsätzen hat das Bundesverfassungsgericht beispielsweise die Notwendigkeit eines steuerfreien Existenzminimums oder die zwingende Berücksichtigung von Fahrtkosten Wohnung – Arbeitsstätte gefolgert.

Beide Prinzipien, das objektive und das subjektive Nettoprinzip, stehen grundsätzlich selbstständig nebeneinander, überlagern sich aber auch teilweise. Aus beidem zusammen erwächst ein wesentlicher Eckpfeiler unseres gegenwärtigen Besteuerungssystems im Bereich der Einzzkommensteuer, nämlich die Trennung der erwerbsbedingten von der privaten Sphäre des Steuerpflichtigen. Kosten der privaten Lebensführung sollen richtigerweise niemals steuerlich abzugsfähig sein. Wo beide Sphären miteinander verschwimmen, hat der Bundesfinanzhof ein einheitliches Aufteilungs- und Abzugsverbot entwickelt. Beispiel: Die Ausgaben für Berufskleidung sind, wenn die Kleidung denn beruflich veranlasst ist, grundsätzlich als Werbungskosten oder Betriebsausgaben abzugsfähig. Dies gilt aber nicht, wenn die Kleidung (ggf. sogar überwiegend) auch im Privat- und Freizeitbereich genutzt wird oder genutzt werden kann, wie es beispielsweise bei einem Anzug eines Steuerberaters der Fall ist.[14]

Das zweite, die Einkommensbesteuerung tragende Prinzip ist der sog. Äquivalenzgrundsatz, der im Sinne einer grundsätzlichen Rechtfertigung die einzig ökonomisch tragfähige Begründung für die Besteuerung ist.[15] Besteuerung bedeutet danach jedoch keinen konkret endgültigen Nutzenverlust, sondern in einem allgemeinen Sinne eine Leistung für staatliche Gegenleistungen. Der Äquivalenzgedanke geht letztlich auf ein individualistisches Staatsverständnis zurück, wonach im Prinzip die Höhe der Staatsausgaben und das Angebot öffentlicher Güter durch die Nachfrage der einzelnen Bürger bestimmt werden. Zur Ermittlung der Steuerlast werden sodann in der Theorie entweder die Kosten, die die vom Steuerschuldner genutzte öffentliche Leistung verursacht (sog. Kostenäquivalenz), oder der Nutzen, den der Steuerschuldner durch die öffentliche Leistung erhält (sog. Nutzenäquivalenz), herangezogen. Beides lässt sich mathematisch modellieren, taugt aber wenig für die Praxis.

Dies gilt ungeachtet der Tatsache, dass der oben genannte §3 Absatz 1 der deutschen Abgabenordnung ausdrücklich keine synallagmatische Gegenleistung für Steuern vorsieht sowie ungeachtet der Tatsache, dass ein einzelner Steuerpflichtiger im Einzelfall ggf. keine staatlichen Leistungen erhält oder annimmt. Die solchermaßen verstandene Gegenleistung muss daher, anders als etwa bei der oben genannten Abgabenart „Gebühr" oder „Beitrag", nicht individuell bestimmbar und einem konkreten Steuerpflichtigen zurechenbar sein. Die Besteuerung soll aber so festgesetzt werden, dass die Leistung des einzelnen Bürgers mit der Gegenleistung des Staates übereinstimmt respektive die Bürger für die Leistungen des Staates exakt so viel zahlen, wie sie ihnen wert sind. Unschärfe ist dabei also vorprogrammiert.

Es gibt neben dem Leistungsfähigkeitsprinzip und dem Äquivalenzgrundsatz weitere Rechtfertigungslehren für die Existenz von Steuern, die hier nur arrondierend und der Vollständigkeit halber erwähnt werden sollen. So geht die sog. Assekuranztheorie davon aus, die Steuer sei eine Art „Prämie" für den Schutz von Freiheit und Eigentum durch den Staat.[16] Nach dem dahinterstehenden gesellschaftsvertraglichen Begründungsansatz wirkt also das Steuersystem als Versicherung gegen Einkommensrisiken. Nach der ebenfalls vertretenen sog. Theorie des Steuerstaats gibt der einzelne Steuerpflichtige mit der Steuer hingegen einen Teil des wirtschaftlichen Ergebnisses wieder zurück, das er zuvor mit Unterstützung der im Staat manifestierten Gesellschaft erzielt hat.[17] Das sog. Prinzip der Allokationseffizienz wiederum geht davon aus, dass die Besteuerung so ausgestaltet sein sollte, dass die Kosten insgesamt minimiert werden. Die Kosten der Besteuerung liegen danach in den Ausweichreaktionen der Steuerpflichtigen (das ist der oben bereits angesprochene Steuerwiderstand und damit im Extremfall die Steuerhinterziehung), und das Ziel eines optimalen Steuersystems sollte es entsprechend sein, diese sog. Zusatzlast der Besteuerung möglichst zu minimieren.[18]

Die vorgenannten Prinzipien zur Rechtfertigung von Steuern wirken sich zwar, anders als bei dem Leistungsfähigkeitsprinzip und dem Äquivalenzgrundsatz, aufgrund ihres modelltheoretischen Charakters in der Praxis nicht unmittelbar in dem Sinne aus, dass sie ganz konkrete Regelungen z. B. des deutschen Einkommensteuergesetzes und damit die individuelle Steuerlast beeinflussen. Soweit aber in ihnen ein bestimmtes Staatsverständnis zum Ausdruck kommt, besteht kein Zweifel, dass sie ebenso wie andere staatstragende Grundsätze (z. B. das Sozialstaatsprinzip als grundgesetzlich anerkannte, zentrale Staatszielbestimmung) doch indirekt die Ausgestaltung des Steuersystems insgesamt beeinflussen.

In gleicher Weise nämlich haben sich wandelnde gesellschaftliche Sichtweisen und Weltanschauungen (auch und gerade im sozialen Sektor) ebenfalls Konsequenzen für die Besteuerung und den daraus erzielten Ertrag des Staates. Die Öffnung des Ehegattensplittings für die „Ehe für alle" oder die erst 2019 beschlossene, v. a. im Bereich der Besteuerung natürlicher Personen sukzessive (und recht weitgehende) Abschaffung des Solidaritätszuschlags sind selbstverständlich nicht aufkommensneutral durchführbar, und insofern ist es nur konsequent, dass den Gesetzesbegründungen für den Erlass oder die Änderung von Steuergesetzen oft auch ökonomische Erwägungen oder mangels besserer Erkenntnisquellen zumindest Schätzungen hinsichtlich der Aufkommenswirkung vorangestellt sind. Manchmal freilich wirken die diesbezüglichen Einlassungen des Gesetzgebers in den Gesetzesentwürfen („Alternativen: Keine") doch ein wenig leichtfertig.

Das bisher Gesagte gilt zunächst einmal vor dem Hintergrund eines konkreten Steuersystems in einem ganz konkreten Staat und seinem konkreten nationalen Kontext. Das vor dem Hintergrund der vorstehend erläuterten Grundprinzipien der Besteuerung im Haushaltsjahr 2019 in der Bundesrepublik Deutschland bestehende Steuersystem etwa hat, wie oben bereits erwähnt wurde, Steuereinnahmen von rund 796 Mrd. Euro erwirtschaftet. Dabei verhält es sich nun allerdings so, dass dieser Ertrag in der Praxis zu einem Gutteil nicht auf rein nationale Steuersachverhalte, sondern auch und gerade auf internationale, d. h. grenzüberschreitende Steuersachverhalte zurückzuführen ist, auch wenn seriöse Erhebungen in diesem Bereich schwierig durchzuführen sind. Zwar unterhält heute im Zuge der Globalisierung nahezu jedes noch so kleine Unternehmen in irgendeiner Form wirtschaftliche Beziehungen zum Ausland, und auch Privatpersonen betätigen sich im Ausland häufig in einer steuerlich relevanten Weise (z. B. durch die Ferienvermietung ausländischer Immobilien), aber für den Ertrag aus der Einkommensteuer ist es, sofern summenmäßig Deckungsgleichheit besteht, zunächst einmal einerlei, ob er aus einer grenzüberschreitenden Handelstätigkeit oder der inländischen Vermietung stammt. Jedenfalls gibt es keine offiziellen Feststellungen darüber, welcher Teil z. B. des Einkommensteueraufkommens unmittelbar oder mittelbar aus grenzüberschreitenden Steuersachverhalten resultiert.

Ändert sich also, wenn wir den Blick über die Grenze weiten, insoweit etwas an den Grundanforderungen an die Rationalität des Steuersystems, das nach einem alten Postulat idealiter in materieller Hinsicht ergiebig, gerecht und entscheidungsneutral und in formeller Hinsicht unmerklich und praktikabel sein sollte? Die Antwort darauf lautet: Im Grundsatz nein, aber die Zusammenhänge werden erheblich komplexer, sobald ausländische Rechts- und Steuerrechtsordnungen mit im Spiel sind und in die Betrachtung einbezogen werden müssen. Dass die Globalisierung, dass die zyklischen Schwankungen des Welthandels oder auch politische und wirtschaftliche Krisen in manchen Teilen der Welt einen unmittelbaren Einfluss auf das Steueraufkommen von Staaten haben, die an eben diesen Entwicklungen beteiligt oder davon betroffen sind, liegt dabei auf der Hand. Konkret messbar ist das allerdings in den seltensten Fällen, was aber nichts an dem unbestrittenen zugrundeliegenden Zusammenhang ändert. So hat etwa der beim Bundesfinanzministerium angesiedelte und inzwischen in einer respektablen Historie befindliche Arbeitskreis „Steuerschätzungen", dessen 155. Sitzung vom 7. bis 9. Mai 2019 auf Einladung der Finanzministerin des Landes Schleswig-Holstein in Kiel stattfand, die gegenüber der Steuerschätzung aus Herbst 2018 etwas pessimistischere Schätzung und Sichtweise explizit u. a. wie folgt begründet: „Zum einen führt die Unsicherheit im Welthandel, begründet durch Handelskonflikte und die Debatten über den Brexit, zu einem langsameren Wirtschaftswachstum in diesem Jahr [...]."[19] In dieser Begründung kommt der hier nur angedeutete Zusammenhang zwischen Steueraufkommen und weltpolitischer und wirtschaftlicher Großwetterlage sehr anschaulich zum Ausdruck. Dieser wird sich im Zuge der gegenwärtigen „Corona-Krise" sicherlich zuspitzen. Der Arbeitskreis „Steuerschätzungen" versucht deren Auswirkungen auf das Steueraufkommen zur Zeit der Drucklegung dieses Buches möglichst valide zu ermitteln. Es wird für 2020 von Steuermindereinnahmen von bis zu 100 Mrd. Euro ausgegangen.[20]

Dass deshalb gerade in Zeiten, in denen Steuerpolitik zunehmend zur Handelspolitik wird und manche Staaten wieder protektionistische Züge erkennen lassen, jedenfalls ein gewisser, zuweilen auch ein deutlicher Einfluss von internationalen Beziehungen, Politik und Handel auf das jährliche Steueraufkommen der Nationalstaaten zu gewärtigen ist, lässt sich kaum in Abrede stellen. Die oben angesprochenen Grundprinzipien der Besteuerung gelten insofern im Grundsatz auch für internationale Steuersachverhalte. Sie sind aber ggf. zu modifizieren, wie sich am folgenden Beispiel erkennen lässt:

Es kann z. B. keinem Zweifel unterliegen, dass auch im Ausland erzielte Einkünfte die oben angesprochene Leistungsfähigkeit des Steuerpflichtigen erhöhen. Ob der Mietertrag deshalb aus einer in- oder ausländischen Immobilie fließt, ist im Ausgangspunkt unerheblich. Sofern Deutschland auch bei einer ausländischen Immobilie ein Besteuerungsrecht hinsichtlich der Mieteinnahmen für sich reklamieren kann (was in den meisten Doppelbesteuerungsabkommen die Ausnahme ist), verbleibt es bei diesem Befund. Sofern Deutschland aufgrund eines Doppelbesteuerungsabkommens mit dem ausländischen Belegenheitsstaat der Immobilie hingegen die erzielten Mieteinkünfte steuerfrei stellen muss (Regelfall), werden sie immerhin über den sog. Progressionsvorbehalt berücksichtigt. Das Leistungsfähigkeitsprinzip gebietet es in diesem Fall, die ausländischen und im Inland steuerfrei gestellten Einkünfte bei der Ermittlung des anwendbaren Steuersatzes zu berücksichtigen. Dieser Steuersatz wird sodann aber nur auf die inländischen Einkünfte des Steuerpflichtigen angewendet. Die Überlegung dahinter ist die Folgende: Stehen dem Steuerpflichtigen ausländische Einkünfte zur Verfügung, die nicht in die Besteuerung einbezogen werden, beeinflussen auch diese Einkünfte gleichwohl seine Leistungsfähigkeit, sodass der auf die insgesamt erzielten Einkünfte anzuwendende Steuersatz entsprechend angepasst werden muss. Im Ergebnis werden die steuerfreien Einkünfte zwar nicht unmittelbar besteuert, aber mittelbar dennoch berücksichtigt, weil sich aus ihnen ein besonderer Steuersatz entsprechend der höheren oder aber geringeren persönlichen Leistungsfähigkeit des Steuerpflichtigen ergibt (im letztgenannten Fall spricht man dann vom sog. negativen Progressionsvorbehalt, d. h. ausländische Verluste, die in den Progressionsvorbehalt einzubeziehen sind, können umgekehrt auf diese Weise auch die Steuerlast auf die im Inland steuerpflichtigen Einkünfte mindern).

Den Steuerpflichtigen selbst interessiert derlei Theorie freilich meist wenig. Wenn es um einen internationalen Sachverhalt geht (z. B. die

Gründung einer ausländischen Tochtergesellschaft oder eine grenzüberschreitende Lizenzzahlung), so richtet sich sein Augenmerk in der Praxis meist allein darauf, ob ggf. mehr als ein Staat auf seinen erwirtschafteten Ertrag zugreifen möchte und daher eine sog. Doppelbesteuerung droht. Die Doppelbesteuerung ist gewissermaßen der Worst Case. Der Steuerpflichtige wird sie aus ersichtlichen Gründen vermeiden wollen, und sie ist auch volkswirtschaftlich nicht wünschenswert, weil sie sich prohibitiv auf jedes globale Wirtschaften auswirkt. Wenn es für den Steuerpflichtigen „weniger Netto vom Brutto" bedeutet, die ausländische Tochtergesellschaft in Mailand statt in München zu gründen, dann würde – von zwingenden außersteuerlichen Gründen einmal abgesehen – so auch kein rational denkender Steuerpflichtiger handeln.

Umgekehrt jedoch könnte der Steuerpflichtige auch versucht sein, z.B. durch eine grenzüberschreitende statt einer nationalen Lieferungs- oder Leistungskette der inländischen Besteuerung ganz oder teilweise zu entgehen. Die dadurch entstehende sog. doppelte Nichtbesteuerung, d.h. die Keinmalbesteuerung in zwei oder mehreren Staaten (im Fachjargon „weiße Einkünfte" genannt), ist aus der Sicht der beteiligten Fisci natürlich ebenfalls nicht wünschenswert, und deshalb hat fast jeder Staat inzwischen entsprechende Gegenmaßnahmen und darauf abzielende spezielle Regelungen in seinem nationalen Steuerrecht verankert. Die Ratio dahinter gründet auf der Überlegung, als Staat jedenfalls dann ein Besteuerungsrecht hinsichtlich eines internationalen Steuersachverhalts für sich zu beanspruchen, wenn feststeht, dass der andere an dem Sachverhalt beteiligte Staat die entstehenden Einkünfte (aus welchen Gründen auch immer) definitiv nicht besteuert.

Damit ist auch schon das Grundproblem des internationalen Steuerrechts, also derjenigen Regeln, die sich mit der Besteuerung internationaler Sachverhalte befassen, angesprochen, nämlich die Tatsache, dass sich nicht allein wie im nationalen Kontext der Steuerpflichtige einerseits und der Fiskus andererseits in einem Hoheitsrechtsverhältnis gegenüberstehen, sondern dass wenigstens zwei (oder sogar mehr) Fisci beteiligt sind. Nachdem Steuerpflichtige in der heutigen Zeit durchaus mobil sind und (jedenfalls im Bereich der Kapitalanlage) ganz erhebliche Vermögenswerte binnen Sekunden in einen anderen Staat transferiert werden können, ringen die Staaten innerhalb der Staatengemeinschaft folglich um Steuerpflichtige und Besteuerungssubstrat. Dies kann z.B. durch die Bereitstellung und Pflege eines attraktiven wirtschaftlichen

Umfelds, von Rechtssicherheit, von günstigen Steuersätzen oder auf andere, nicht immer beeinflussbare Weise geschehen. Beispielsweise hat – angeblich – das angenehme Klima (gemeint ist das Wetter!) auf Zypern in den vergangenen Jahren insbesondere eine Reihe von IT-Experten und Programmierern angelockt – „Ein Schelm, wer Böses dabei denkt." Steuerpolitik bedeutete jedenfalls schon immer auch Standortpolitik, und nur die Staaten, die es sich leisten können, ignorieren diesen Zusammenhang erfolgreich. Dass das Steuerrecht der Bundesrepublik Deutschland etwa jahrzehntelang[21] keine effektive steuerliche Förderung von Forschung und Entwicklung vorsah, ist eigentlich ein Skandal, führte aber aufgrund der unbestrittenen anderen Standortvorteile nicht zu einer Massenabwanderung von Unternehmen. Dass deutsche Unternehmen deshalb z. B. in der pharmazeutischen Forschung der Schweiz, den USA und China weit hinterherlaufen, ist freilich kein steuerlicher Nachteil.

Die umgekehrte, diametral entgegengesetzte Stoßrichtung ist in der Praxis ebenfalls zu beobachten. Denn Staaten versuchen nicht nur, über Steueranreize Steuerpflichtige gleichsam anzulocken und so das Steueraufkommen indirekt, d. h. über ein dadurch steigendes Bruttosozialprodukt zu erhöhen, sondern sie versuchen auch, über eine zielgerichtete Ausweitung der nationalen Besteuerungsrechte möglichst viele grenzüberschreitende Sachverhalte in die nationale Besteuerung hineinzuziehen. Gerade in den Entwicklungs- und Schwellenländern war in den letzten Jahren ein gewisser „Trend" zu beobachten, die Anknüpfungspunkte für eine Besteuerung sukzessive auszudehnen, um sich ein größeres Stück vom internationalen Steuerkuchen abschneiden zu können.

Im rein nationalen Kontext geht es nach alldem bei der Besteuerung primär um die Frage, ob ein steuerrelevanter Sachverhalt besteht und ob dieser steuerlich zutreffend behandelt wurde. Hierbei wird in der Praxis naturgemäß oft über die Höhe der Steuer diskutiert, aber dass beim grundsätzlichen Eingreifen einer Vorschrift der Normgeber (d. h. der Fiskus) ein Besteuerungsrecht hat, steht außer Frage. Im internationalen Kontext tritt (mindestens) ein weiterer Fiskus hinzu, sodass insoweit ein Wettbewerb der Fisci entsteht. Haben die Staaten für diesen Fall Vereinbarungen getroffen, etwa dergestalt, dass ein Staat auf sein Besteuerungsrecht verzichtet, ist der Konflikt aufgelöst und der Wettbewerb wirkt sich primär zulasten eines der beteiligten Fisci aus. Dies geschieht meist freilich in der Erwartung, dass der andere Fiskus in einer umgekehrten

Konstellation seinerseits auf sein Besteuerungsrecht verzichten würde. Beharren indes beide Staaten auf ihrem Besteuerungsrecht, wirkt sich der Wettbewerb primär zulasten des Steuerpflichtigen aus. Das darf man durchaus als systemimmanentes Grundproblem der internationalen Besteuerungspraxis ansehen, weil sich die Staaten innerhalb der internationalen Staatengemeinschaft als gleichberechtigte Gebietskörperschaften und Völkerrechtssubjekte gegenüberstehen und kein Staatssäckel vor dem anderen einen natürlichen Vorrang genießt. Unstimmigkeiten und Streitigkeiten zweier Fisci werden schon bislang meist auf dem Rücken des Steuerpflichtigen ausgetragen, der dann ggf. eine vollständige oder teilweise Doppelbesteuerung hinzunehmen hat.

Folgendes banales Beispiel mag das Problem veranschaulichen: Im Staat A gilt ein Körperschaftsteuersatz von 20%, im Staat B gilt ein Körperschaftsteuersatz von 10%. Im Staat A wird eine Kapitalgesellschaft (A-GmbH) gegründet, die 100% der Anteile an einer im Staat B gegründeten Kapitalgesellschaft (B-AG) hält. Wir haben es also mit einem klassischen Verhältnis zwischen einer sog. Muttergesellschaft (A-GmbH) und einer sog. Tochtergesellschaft (B-AG) zu tun. In der Terminologie des internationalen Steuerrechts handelt es sich deshalb um sog. verbundene Unternehmen, die sich bei Verträgen, die sie miteinander schließen, hinsichtlich der Ausgestaltung der Verträge so verhalten müssen, wie es fremde Dritte auch anstreben würden (sog. Fremdvergleichsgrundsatz). Wenn nun die B-AG an die A-GmbH eine Maschine zum Preis von 1.000 Euro liefert, aber nach der Sichtweise des Staates A zwischen fremden Dritten nur 500 Euro als angemessener Preis angesehen würden, dann wird der Staat A den Betriebsausgabenabzug um 500 Euro kürzen. Wenn der Staat B eine ähnliche Sichtweise vertritt und eine sog. Gegenkorrektur vornimmt, d. h. die steuerpflichtigen Einnahmen der B-AG um 500 Euro kürzt, entsteht kein Problem, weil der Staat B eine Verminderung der Bemessungsgrundlage (so nennt man die Basisgröße, an die der Steuersatz angelegt wird) um 500 Euro zu seinen Lasten hinnehmen und im Staat A die Bemessungsgrundlage um 500 Euro erhöht wird. Der Steuerpflichtige ist dann allenfalls aufgrund der eingangs genannten Steuersatzdifferenz in den Staaten A und B belastet, wenn man das wirtschaftliche Ergebnis der A-GmbH und der B-AG insgesamt betrachtet. Wenn allerdings der Staat B einen Preis von 1.000 Euro für angemessen hält, dann entsteht in Höhe von 500 Euro zulasten des Steuerpflichtigen (hier der Unternehmensgruppe bestehend aus der A-GmbH und der B-AG) eine echte wirtschaftliche Doppelbesteuerung.

Während im vorgenannten Beispiel ein konkreter Anknüpfungspunkt für die Besteuerung in den Staaten A und B gegeben ist (nämlich durch die Registrierung der Gesellschaften A-GmbH und B-AG) und diese Staaten daher jeweils für sich genommen ein Besteuerungsrecht für die von den Gesellschaften erzielten Einkünfte beanspruchen können, stellt sich abschließend die viel grundsätzlichere Frage, wie weit Staaten ihre Besteuerungsansprüche territorial ausdehnen dürfen. Dürfte etwa in eben diesem Beispiel auch der Staat A die laufenden, originären Gewinne der B-AG besteuern? Die Frage ist zu verneinen, weil hinsichtlich der B-AG kein persönlicher Anknüpfungspunkt zum Hoheitsgebiet des Staates A besteht und die Stellung als Gesellschafter nicht ausreicht, diesen Nexus (so bezeichnet man den steuerlichen Anknüpfungspunkt eines Steuersubjekts zum Territorium eines Staates) zu begründen. Aus dem Völkerrecht ist entsprechend bekannt, dass ein Staat seine Hoheitsgewalt immer nur auf seinem Hoheitsgebiet ausüben darf.[22] Für das internationale Steuerrecht hat das zur Folge, dass ein bestimmter Sachverhalt nur dann der Besteuerung unterworfen werden darf, wenn ein im internationalen Fachjargon sog. genuine link, d. h. eine hinreichend enge Verbindung zum Hoheitsgebiet des besteuernden Staates, besteht.

In Beachtung dieser völkerrechtlichen Vorgaben haben die Staaten der Welt unterschiedliche Anknüpfungspunkte für die Besteuerung herausgebildet, die im 3. Kapitel dieses Buches näher erläutert werden. Wie nämlich die hinreichend enge Verbindung im Einzelnen ausgestaltet sein muss, lässt das Völkerrecht offen. Es besteht daher ein Ermessensspielraum der Staaten. Das deutsche Bundesverfassungsgericht formuliert diesbezüglich für das nationale deutsche Recht: „Der rechtlichen Möglichkeit, Ausländer zu Abgaben heranzuziehen, sind durch das Erfordernis der Anknüpfung etwa an die Staatsangehörigkeit, Niederlassung, Wohnsitz oder Aufenthalt im Inland, die Verwirklichung eines Abgabentatbestandes im Inland oder die Herbeiführung eines abgabenrechtlich erheblichen Erfolges im Inland deutliche Grenzen gesetzt."[23] Erforderlich ist jedenfalls, so das Bundesverfassungsgericht weiter, ein „Mindestmaß" an „Sachnähe", um einen grenzüberschreitenden Sachverhalt im Inland der Besteuerung mit Einkommen- oder Körperschaftsteuer zu unterwerfen.

Unabhängig davon ist es Fakt, dass die Fisci schon seit Jahren ihr Heil in internationalen Steuersachverhalten suchen. Auch an deutschen Betriebsprüfungen lässt sich dies ablesen. Der Grund dafür ist einfach:

Bei nationalen Sachverhalten streitet man sich beispielsweise über Bewirtungsaufwendungen, Kilometerpauschalen oder Sachzuwendungen. Bei internationalen Sachverhalten hingegen geht es um Gewinnverschiebungen, um grenzüberschreitende Lizenzzahlungen (bzw. generell quellensteuerpflichtige Einkünfte) oder um unerkannte ausländische Betriebsstätten, was für den Fiskus deutlich lukrativer ist. Es ist daher nicht erstaunlich, dass auch die Einbindung sog. Fachprüfer für Auslandsbeziehungen, die vom Bundeszentralamt für Steuern den lokalen Finanzämtern zur Seite gestellt werden, sprunghaft angestiegen ist. Insbesondere die sog. Verrechnungspreise, also jene Preise, die verbundene Unternehmen für Lieferungen und Leistungen miteinander vereinbaren, sind heute an der Tagesordnung in fast jeder Betriebsprüfung und führen zu ganz erheblichen Mehrergebnissen.[24] In manchen Finanzämtern werden gar inoffizielle „Ranglisten" geführt, welcher Betriebsprüfer bei „seinen Kunden" besonders erfolgreich war.

Trotz dieser Erkenntnisse, trotz der Konkurrenzsituation zwischen den verschiedenen Fisci, trotz beständig steigender Komplexität der Sachverhalte und noch komplexeren steuerlichen Regelungen ist zu bedenken, dass der Steuerpflichtige (jedenfalls in Deutschland) das Recht hat, seine ihm hoheitlich auferlegten steuerlichen Angelegenheiten – freilich abseits der Steuerhinterziehung – so zu ordnen, wie es ihm beliebt. Im nationalen wie im internationalen Kontext gilt nach wie vor das Petitum des deutschen Bundesfinanzhofs: „Kein Steuerpflichtiger ist verpflichtet, den Sachverhalt so zu gestalten, dass ein Steueranspruch entsteht. Vielmehr steht es ihm frei, die Steuer zu vermeiden und eine Gestaltung zu wählen, die eine geringere Steuerbelastung nach sich zieht. Eine sog. Steuervermeidung bleibt folgenlos."[25] Die Steuerplanung mag danach, vor allem bei grenzüberschreitenden Sachverhalten, im Einzelfall durchaus moralisch verwerflich sein – illegal ist sie nicht.

Anderes wird zuweilen leider selbst in der seriösen Wirtschaftspresse suggeriert.[26] Eine sachliche Diskussion aber wird erschwert, einerseits durch die Komplexität der Materie, die dem steuerlichen Laien kaum vermittelbar ist, sowie andererseits durch die Tatsache, dass sich jedermann jedenfalls „auf Stammtischniveau" eine eigene Meinung zum Thema internationale Steuerarbitrage zu bilden erlaubt. Dies sät beim Steuergesetzgeber (und auch im Bundesfinanzministerium bzw. bei den verantwortlichen Steuerpolitikern und Lobbyisten) den Nährboden für die Bildung verschiedener steuerpolitischer Interessengruppen, die sich – cum grano salis – in die Gruppe der Fundamentalisten und die Gruppe der Realpolitiker einteilen lassen. Die Fundamentalisten werden versuchen, bei einer ausländischen wirtschaftlichen Aktivität jede noch so kleine Abweichung im Steuersatz nach unten, die sich gegenüber dem inländischen Besteuerungsniveau ergibt, ersatzweise im Inland auszugleichen. Die Realpolitiker hingegen werden erkennen, dass sich die (Steuer)Welt, auch und gerade angesichts der digitalen Globalisierung, nicht in Schwarz und Weiß einteilen lässt und auch nicht so eingeteilt werden sollte. Bis dahin allerdings ist noch viel Aufklärungsarbeit zu leisten, wozu dieses Buch zumindest ein wenig beitragen mag.

II.

Grundbegriffe

In der Einführung war bereits mehrfach vom Begriff der Doppelbesteuerung die Rede. Dieser und andere zentrale Begriffe des internationalen Steuerrechts sollen hier vorab näher erläutert werden, damit Klarheit über die in diesem Buch verwendete Terminologie herrscht. Die Materie ist naturgemäß leider etwas trocken und auch sehr technisch, deshalb beschränke ich mich auf das für das Verständnis Unerlässliche.

Man unterscheidet gemeinhin die sog. juristische von der sog. wirtschaftlichen Doppelbesteuerung. Von einer *juristischen* (oder auch rechtlichen) *Doppelbesteuerung* spricht man, wenn derselbe Steuerpflichtige auf dieselben Einkünfte oder Vermögenswerte in demselben Zeitraum dieselben oder jedenfalls gleichartige Steuern in zwei (oder mehr) Staaten zu entrichten hat. Die juristische Doppelbesteuerung verlangt damit erstens die Identität des Steuersubjekts (das ist der Steuerpflichtige), zweitens des Steuerobjekts (das sind die Einkünfte) und drittens des Besteuerungszeitraums (das ist das Wirtschaftsjahr). Die Steuerart muss hingegen aus ersichtlichen Gründen nur gleichartig (und gerade nicht identisch) sein, weil die rechtsordnungsspezifischen Besonderheiten souveräner Staaten in der Regel dazu führen, dass eine Identität bei der Ausgestaltung einer Steuer im Einzelnen nicht erzielt werden kann. Eine bestimmte betragsmäßige Höhe der Steuerlast oder die (wie auch immer festzustellende) Unangemessenheit der Besteuerung insgesamt ist hingegen nicht konstitutiv für das Vorliegen einer juristischen Doppelbesteuerung. Beispiel: Der Steuerpflichtige Herr Meier wohnt in Hamburg und besitzt eine Wohnung in Paris, die er im Jahr 2020 an Touristen vermietet. In einem solchen Fall wird sowohl in Deutschland als auch in Frankreich Einkommensteuer auf den Mietzins erhoben. Es liegt eine juristische Doppelbesteuerung vor, weil dasselbe Steuersubjekt (Herr Meier) mit denselben Einkünften (Mietzins) in demselben Besteuerungszeitraum (das Jahr 2020) zur Besteuerung mit einer sachlich der deutschen Einkommensteuer vergleichbaren Steuer in Frankreich herangezogen wird.

Unter einer *wirtschaftlichen Doppelbesteuerung* ist demgegenüber ein Sachverhalt zu verstehen, bei dem es zwar im Vergleich mit der juristischen Doppelbesteuerung an der Identität des Steuersubjekts fehlt, jedoch derselbe wirtschaftliche Vorgang bzw. dasselbe wirtschaftliche Ergebnis in demselben Besteuerungszeitraum in einem (oder mehreren) Staaten einer identischen oder jedenfalls vergleichbaren Steuer unterliegt. Beispiel: Die X-Kapitalgesellschaft hat ihren Sitz im Staat A. An ihr ist die Y-Kapitalgesellschaft aus dem Staat B zu 100 % beteiligt. Die X-Kapitalgesellschaft nimmt eine Gewinnausschüttung an ihren Anteilseigner Y-Kapitalgesellschaft vor. Da Gewinnausschüttungen nur aus versteuertem Einkommen vorgenommen werden können (annahmegemäß unterliegt die X-Kapitalgesellschaft im Staat A der Körperschaftsteuer) und diese Ausschüttungen Bestandteil des steuerpflichtigen Gewinns der Y-Kapitalgesellschaft im Staat B werden, unterliegt dasselbe wirtschaftliche Ergebnis (die Dividende) bei zwei unterschiedlichen Steuersubjekten (hier der X-Kapitalgesellschaft und der Y-Kapitalgesellschaft) der Besteuerung mit gleichartigen Steuern.

Von einer sog. *(wirtschaftlichen) Doppelbelastung* ist hingegen die Rede, wenn es auch an der Gleichartigkeit der erhobenen Steuer fehlt bzw. die Besteuerung in nur einem Staat stattfindet. Beispiel: Herr Meier hat sein Leben lang erfolgreich gearbeitet, viel Geld verdient und entsprechend viel Einkommensteuer gezahlt. Wenn Herr Meier stirbt und der Erbfall eintritt, zahlt sein Erbe Erbschaftsteuer auf den zu diesem Zeitpunkt noch vorhandenen Geldbetrag, der bereits zuvor einmal der Einkommensteuer beim Erblasser unterlegen hat.

Der Gegenbegriff der Doppelbesteuerung ist der Begriff der *(doppelten) Nichtbesteuerung*. Sie ist in der Einführung ebenfalls schon genannt worden und durch eine Situation gekennzeichnet, in der keiner der beteiligten Staaten den Ertrag aus einem grenzüberschreitenden Sachverhalt besteuert, weil das jeweilige nationale Recht eine solche Besteuerung im konkreten Fall nicht vorsieht. Von einer sog. Minderbesteuerung ist hingegen die Rede, wenn sich aufgrund eines Auslandsinvestments bzw. einer grenzüberschreitenden wirtschaftlichen Betätigung eine geringere steuerliche Belastung als bei einem reinen Inlandsinvestment ergibt.

In der Einführung ist ebenfalls bereits angesprochen worden, dass es bei grenzüberschreitenden Steuersachverhalten im Kern um die Frage geht, welcher der beteiligten Staaten den Ertrag aus der grenzüberschreitenden Tätigkeit besteuern darf. In einem einfachen, zweiseitigen Sachverhalt nennt man die beiden beteiligten Staaten in der Terminologie des internationalen Steuerrechts den sog. *Ansässigkeitsstaat* (oder auch Wohnsitzstaat) und den sog. *Quellenstaat*. Der Ansässigkeitsstaat ist dabei derjenige Staat, zu dem der Steuerpflichtige enge persönliche Bindungen aufweist, z. B. durch einen Wohnsitz (bei natürlichen Personen) oder durch die Eintragung in ein öffentliches Register (z. B. in Deutschland das Handelsregister bei Kapitalgesellschaften). Man sagt dann, dass der Steuerpflichtige aufgrund dieser Bindungen zu diesem Staat in diesem Staat steuerlich „ansässig" sei. Der Quellenstaat ist hingegen derjenige Staat, in dem die sog. Einkunftsquelle des Steuerpflichtigen belegen ist, d. h. die Quelle, aus der die Einkünfte fließen bzw. aus der sie generiert werden (Beispiele: ein zinstragendes Bankkonto, ein Mietshaus, eine Aktie an einer Kapitalgesellschaft, eine Betriebsstätte).

In der Wirtschaftspresse der jüngeren Zeit wird in Bezug auf die Folgen der Digitalisierung für die Besteuerung statt der Termini Ansässigkeits- und Quellenstaat manchmal auch das Begriffspaar Heimatstaat versus Marktstaat verwendet. Diese Begriffe sind eher beschreibender Natur und nicht rechtstechnisch zu verstehen. Insbesondere hat der Begriff des Marktstaates nichts mit den in der Volkswirtschaftslehre vertretenen marktwirtschaftlichen Theorien oder den Theorien zum Verhältnis von Staat und Markt gemein,[27] sondern bezeichnet schlicht jenen Staat, in dem ein (aus der Sicht genau dieses Staates ausländisches) Unternehmen seine Produkte oder Dienstleistungen, sei es nun realwirtschaftlich, sei es digital, den in diesem Staat lebenden Kunden feilbietet. Der Heimatstaat ist dann entsprechend der Staat, in dem das jeweils betrachtete Unternehmen ansässig ist, d. h. in dem es beispielsweise seinen Satzungssitz oder seinen Ort der Geschäftsleitung innehat.

Der Ansässigkeits- und der Quellenstaat stehen dabei in der Mehrzahl der praktischen Fälle stellvertretend für zwei zentrale Grundkonzepte des internationalen Steuerrechts, nämlich die sog. unbeschränkte Steuerpflicht und die sog. beschränkte Steuerpflicht. Beide Konzepte sind in den meisten Staaten der Welt auf die eine oder andere Weise verwirklicht und beziehen sich in unterschiedlicher Weise auf den sachlichen Umfang der Besteuerung. Bei der *unbeschränkten Steuerpflicht* wird die Besteuerung nach dem sog. Welteinkommen vorgenommen (Welteinkommensprinzip). Das bedeutet, dass die Besteuerung unabhängig davon, in welchem Land die Einkunftsquelle belegen ist oder wie die grenzüberschreitenden Zahlungsströme verlaufen, stets im Ansässigkeitsstaat des Steuerpflichtigen vollzogen wird. Der Ansässigkeitsstaat besteuert beim Konzept der unbeschränkten Steuerpflicht also jedweden Ertrag aus irgendeiner Betätigung, insbesondere auch jedweden Ertrag aus ausländischen Quellen. Das im vorherigen Kapitel dargestellte, aus dem Völkerrecht abgeleitete Nexuserfordernis ist dabei stets gewahrt, denn die persönliche Ansässigkeit eines Steuerpflichtigen ist der stärkste denkbare Nexus zum Territorium des besteuernden Staates. In der Regel wird die Steuer dabei durch ein sog. Veranlagungsverfahren erhoben, in dem der Steuerpflichtige Steuererklärungen abgeben und darin alle relevanten Einnahmen und die damit im Zusammenhang stehenden Ausgaben angeben muss.

Bei der *beschränkten Steuerpflicht* hingegen ist die Besteuerung, wie der Name schon suggeriert, „beschränkt", nämlich beschränkt auf die Einkunftsquellen aus einem ganz bestimmten Staat. Die beschränkte Steuerpflicht basiert also auf dem sog. Territorialprinzip, dem durch das völkerrechtliche „genuine link"-Erfordernis die oben dargestellten Grenzen gesetzt werden. Die in Rede stehenden Einkünfte müssen deshalb ein Mindestmaß an Sachnähe zum Territorium des besteuernden Staates aufweisen. Die Steuererhebung wird bei Einkünften, die der beschränkten Steuerpflicht unterliegen, in vielen Fällen durch eine Abzugsteuer (auch Quellensteuer genannt) erhoben, so wie wir es in Deutschland etwa von der Lohnsteuer oder der Kapitalertragsteuer (das ist die beispielsweise auf Zinsen, Dividenden und andere Kapitaleinkünfte erhobene Abzugsteuer) kennen. Oft bedeutet das im praktischen Ergebnis eine Besteuerung auf Bruttobasis, weil von den Einnahmen im Rahmen des Steuerabzugsverfahrens keine Ausgaben abgezogen werden können, was zwar einen Verstoß gegen den oben auch schon angesprochenen Grundsatz der Besteuerung nach der wirtschaftlichen Leistungsfähigkeit (hier in Ausprägung des objektiven Nettoprinzips) begründet, im Einzelfall aber gerechtfertigt sein kann. Der Steuerpflichtige, der bezogen auf diese Einkunftsquellen (z. B. ein Mietshaus) im Quellenstaat steuerpflichtig wird, lebt und wohnt in einer solchen Konstellation schließlich regelmäßig in einem anderen Staat (nämlich dem Ansässigkeitsstaat), wo er seinerseits der unbeschränkten Steuerpflicht unterliegen wird und ggf. weitergehende steuerliche Abzugsmöglichkeiten hat.

Damit wäre zugleich auch diejenige Situation angesprochen, in der es in der Praxis am häufigsten zur Entstehung einer Doppelbesteuerung kommt, nämlich das Aufeinandertreffen einer unbeschränkten Steuerpflicht im einen Staat (Ansässigkeitsstaat) und einer beschränkten Steuerpflicht im anderen Staat (Quellenstaat). Die Doppelbesteuerung entsteht dabei nur bezogen auf die Schnittmenge der Einkünfte, die in den beiden beteiligten Staaten der Besteuerung unterliegt. Wenn der oben schon beispielhaft genannte Steuerpflichtige Herr Meier, der eine Wohnung in Paris besitzt, daneben in Hamburg einer Tätigkeit als Arzt nachgeht, dann unterliegen die Einkünfte aus der ärztlichen Heilbehandlung nur der deutschen Einkommensteuer, während in Bezug auf den Mietertrag eine Doppelbesteuerung mit deutscher und französischer Einkommensteuer gegeben ist.

Die zweite Situation, die häufig zu Doppelbesteuerungen führt, ist das Aufeinandertreffen zweier unbeschränkter Steuerpflichten. Beispiel: Wenn eine natürliche Person zwei Wohnsitze hat (z. B. in Hamburg und in Paris), dann unterliegt sie in beiden Staaten (wir haben es dann mit zwei Ansässigkeitsstaaten zu tun!) auch der unbeschränkten Steuerpflicht und wird in beiden Staaten mit ihrem Welteinkommen besteuert. Das ist natürlich besonders misslich und verlangt nach Regeln, wie eine solche Doppelbesteuerung zu verhindern ist (dazu sogleich).

Die dritte Situation, in der es zu Doppelbesteuerungen kommen kann, ist das Aufeinandertreffen zweier beschränkter Steuerpflichten. Beispiel: Eine Kapitalgesellschaft, die im Handelsregister von Hamburg eingetragen ist, unterhält eine eingetragene Zweigniederlassung in Paris. Die Zweigniederlassung eröffnet ein Konto bei einer Bank in Madrid. In einer solchen Situation unterliegen die Zinsen sowohl in Spanien (wegen der Belegenheit des Kontos bei einer spanischen Bank, d. h. wir haben eine spanische Einkunftsquelle) als auch in Frankreich (wegen des Bestehens der französischen Zweigniederlassung) der beschränkten spanischen bzw. französischen Steuerpflicht. Je nach der Rechtsordnung des Ansässigkeitsstaats (im Beispiel Deutschland) kann dann freilich noch eine unbeschränkte Steuerpflicht hinzutreten. In der Praxis sind Fälle, in denen drei (oder mehr) Staaten im Ergebnis auf dasselbe Besteuerungssubstrat zugreifen, zwar eher selten – sie kommen aber durchaus vor. Auch in diesem Fall verlangt es nach Regeln, die eine Doppel- oder Mehrfachbesteuerung vermeiden helfen. Das Steuerrecht muss im Übrigen als Teil der Rechtsordnung für jeden auch nur theoretisch denkbaren Ausnahmefall eine klare Lösung parat haben. Zuweilen kann man eine Neigung des Steuergesetzgebers (bzw. der Finanzverwaltung) beobachten, unklare gesetzliche Regelungen mit der Begründung zu verteidigen, dieser oder jener Fall komme in der Praxis ohnehin nicht vor, weshalb die von den steuerberatenden Berufen hieran geäußerte Kritik nicht tragfähig sei. Das ist natürlich in einem Rechtsstaat überhaupt kein Argument!

In der internationalen Praxis haben sich über die Jahrzehnte in der Hauptsache zwei Methoden zur Vermeidung von Doppelbesteuerungen herausgebildet, die weithin anerkannt sind. Die etwa seit den 1920er Jahren existente, seinerzeit durch die USA eingeführte und inzwischen weltweit am weitesten verbreitete unilaterale, d. h. einseitige Maßnahme zur Beseitigung von Doppelbesteuerungen ist die sog. *Steueranrechnungsmethode.* Sie basiert auf der (meistens zutreffenden) Annahme, dass der Ansässigkeitsstaat nach dem Welteinkommensprinzip besteuert, während der Quellenstaat nach dem Territorialprinzip besteuert. Die im Ausland (d. h. im Quellenstaat) auf ausländische Einkünfte gezahlten Steuern werden hierbei auf die inländische Steuerschuld im Ansässigkeitsstaat angerechnet, was in der Konsequenz bedeutet, dass die inländische Steuerschuld um die ausländischen Steuern gemindert wird. Zugleich aber werden Einkünfte damit stets auf das Besteuerungsniveau des Ansässigkeitsstaats hochgeschleust. Beispiel: Ein Steuerpflichtiger mit Wohnsitz im Staat A unterliegt dort einem Steuersatz von 40%. Er vermietet eine Immobilie im Staat B und unterliegt mit den Mieteinkünften dort einem Steuersatz von 20%. Wenn nun die Mieteinnahmen in dem betrachteten Steuerjahr annahmegemäß 100 betragen, zahlt der Steuerpflichtige im Staat B deshalb 20 an Steuern. Im Staat A zahlt er 40 an Steuern, allerdings werden die 20 aus Staat B auf diese Steuerschuld angerechnet, sodass er auch im Staat A im Ergebnis nur noch 20 zahlt. Die Steuerlast beträgt damit also insgesamt 40, was der nominellen Steuerlast im Ansässigkeitsstaat entspricht.

Die Steueranrechnungsmethode hat allerdings, anders als man prima facie glauben möchte, durchaus einige Schwächen. Sie führt quasi nur „unter Laborbedingungen" zu einer vollständigen Vermeidung der Doppelbesteuerung. In der Anwendungspraxis kommt es hingegen häufig vor, dass die Doppelbesteuerung nur teilweise oder auch gar nicht vermieden wird. So setzt die Anrechnungsmethode z. B. denklogisch voraus, dass der Steuerpflichtige im Ansässigkeitsstaat auch über ein Anrechnungspotenzial, d. h. positive, steuerpflichtige Einkünfte, verfügt. Bestehen dort nur Verluste, versagt die Anrechnung. Ist der Steuersatz im Quellenstaat höher als im Ansässigkeitsstaat, beschränken die meisten

Staaten zudem die Anrechnung auf das dem inländischen Besteuerungsniveau entsprechende Maß, was zu sog. Anrechnungsüberhängen führt.
Auch Periodenverschiebungen in der Steuererhebung zwischen In- und
Ausland können dazu führen, dass eine Anrechnung im Ergebnis unter-
bleibt, ganz abgesehen von den Formalien, die für eine erfolgreiche
Anrechnung erfüllt sein müssen. Eine nach amtlich vorgeschriebenem
Formblatt von einer ausländischen Steuerbehörde bestätigte ordnungs-
gemäße Steuerzahlung im Quellenstaat mag man ohne Weiteres aus
einem EU-Mitgliedstaat bekommen, aber gewiss nicht aus allen Teilen
der Welt. In einigen Staaten dieser Welt existiert nämlich schlicht keine
Steuerverwaltung, die diesen Namen verdient. In wieder anderen Staaten ist sie entweder korrumpiert oder einfach nicht effizient.

Deutlich weniger formale Voraussetzungen hat die zweite international
anerkannte Methode zur Vermeidung von Doppelbesteuerungen, nämlich die sog. *Steuerfreistellungsmethode.* Sie führt zu einer vollständigen
Vermeidung der Doppelbesteuerung. Hierbei stellt der Ansässigkeitsstaat
die im ausländischen Quellenstaat erzielten Einkünfte des Steuerpflichtigen frei, d. h. er nimmt sie von seiner Bemessungsgrundlage und damit
seiner Besteuerung aus. In obigem Beispiel des Steuerpflichtigen mit
den Mieteinkünften würde daher nur der Staat B besteuern (dort mit
einem Steuersatz von 20 %), während der Staat A gar nicht bzw. nur die
aus seiner Sicht inländischen Einkünfte des Steuerpflichtigen besteuert.
Andere Voraussetzungen als die Entstehung steuerpflichtiger Einkünfte
im Quellenstaat sieht die Steuerfreistellungsmethode in Reinform nicht
vor. Immer mehr Staaten sind jedoch dazu übergegangen, die Frei-
stellung nur zu gewähren, wenn die fraglichen Einkünfte im Quellenstaat auch tatsächlich einer Besteuerung unterliegen. Anderenfalls wird,
gewissermaßen ersatzweise, doch im Ansässigkeitsstaat besteuert, was
dem international anerkannten Grundsatz der sog. Einmalbesteuerung
Rechnung trägt. Diesen Mechanismus bezeichnet man als sog. „Rückfall
des Besteuerungsrechts" an den Ansässigkeitsstaat.

Beide Methoden, Steueranrechnungs- und Steuerfreistellungsmethode,
werden in der Praxis von den Staaten entweder einseitig in ihrem nationalen Recht oder bilateral, d. h. zweiseitig in zwischen den Staaten
geschlossenen Doppelbesteuerungsabkommen verankert. Die Staaten
sind in der Entscheidung darüber, welche Methode sie wählen möchten,
völlig frei. Manche Staaten wenden eine Methode auf alle Einkunftsarten an, andere Staaten wenden die Steueranrechnungsmethode nur für

bestimmte und auf wieder andere Einkünfte die Steuerfreistellungsmethode an. Eine harte rechtliche und von den Steuerpflichtigen durchsetzbare Verpflichtung der Staaten zur Vermeidung von Doppelbesteuerung „aus internationalem Recht" existiert dabei nicht. Es besteht aber aus ersichtlichen Gründen Einigkeit innerhalb der Staatengemeinschaft, dass Doppelbesteuerungen grundsätzlich vermieden werden sollten, ohne dass es dabei auf die Methode näher ankäme.

Steueranrechnungs- und Steuerfreistellungsmethode lassen sich auch ökonomisch begründen. Die Besteuerungssysteme von Staaten haben, wie eingangs beschrieben, primär die Aufgabe, die anfallenden Staatsausgaben zu finanzieren. Gleichzeitig sollen sie jedoch im Idealfall die Investitionsentscheidung privater Investoren nicht beeinflussen. Diese Investitionsentscheidung soll vielmehr unabhängig von der Existenz oder Nichtexistenz einer Steuer getroffen werden können. Ein Steuersystem, das diesen Anforderungen gerecht wird, bezeichnet man als investitionsneutral. Investitionsneutralität wird sonach als Zustand definiert, in dem keine allokativen Verzerrungen hervorgerufen werden und die Besteuerung demnach möglichst wettbewerbsneutral ist. Im internationalen Kontext bedeutet Investitionsneutralität insofern einen Zustand, in dem die Entscheidung, ob eine Investition im Inland oder im Ausland stattfindet, durch die Besteuerung nicht beeinflusst wird.

Hierzu ist zum einen in ganz praktischer Hinsicht anzumerken, dass die Investitionsneutralität vor dem Hintergrund des gegenwärtigen Steuersystems (in Deutschland und den meisten anderen Staaten) ohnehin eine Wunschvorstellung ist. Allein die Grundentscheidung Eigen- versus Fremdkapital wird maßgebend von steuerlichen Faktoren beeinflusst, und bei der Entscheidung nationale versus ausländische Investition gilt dasselbe, zumal wenn beide Entscheidungen miteinander kombiniert werden müssen. Auch die oft damit im Zusammenhang auftretende Frage nach der steuerlich optimalen Rechtsform eines zu finanzierenden Investments hat mit Entscheidungsneutralität überhaupt nichts zu tun. Schon rein national ist das Investment in oder über eine Kapitalgesellschaft nun einmal etwas ganz anderes als das Investment in oder über eine Personengesellschaft. Zwar hatte Bundesfinanzminister *Olaf Scholz* nach längerem Zaudern angekündigt, dass noch in der 19. Legislaturperiode und im Interesse einer rechtsformneutralen Besteuerung die Behandlung thesaurierter Gewinne von Personengesellschaften im Sinne einer Fortführung der Unternehmensteuerreform 2008 (!) endlich praxisgerecht ausgestaltet werden solle. Dies solle im Kern mit der Einführung einer Optionsmöglichkeit für Personengesellschaften zu einer Besteuerung nach den Regeln für Kapitalgesellschaften flankiert werden – geschehen ist indes bislang: nichts.

In theoretischer Hinsicht ist zudem anzumerken, dass „investitionsneutral" grenzüberschreitend durchaus auf zwei Weisen interpretiert werden kann, nämlich einerseits aus dem Blickwinkel der sog. Kapitalexportneutralität und andererseits aus dem Blickwinkel der sog. Kapitalimportneutralität.[28] Dies spielt zurück zu den oben genannten Methoden zur Vermeidung der Doppelbesteuerung. Bei der Steueranrechnungsmethode werden entsprechend dem Welteinkommensprinzip sämtliche Einkünfte im Ansässigkeitsstaat besteuert. Dort wird allerdings die vom Quellenstaat erhobene und gezahlte Steuer auf die Steuerschuld im Ansässigkeitsstaat angerechnet. Wird diese Methode in ihrer Reinform angewendet, wird die gezahlte Steuer vollständig angerechnet. In den meisten Staaten findet jedoch die einschränkende Variante, die sog. begrenzte Anrechnung, Anwendung. Dabei ist die ausländische Steuer nur insoweit anrechenbar, als die inländische Steuer auf die entsprechenden Einkünfte aus dem Quellenstaat entfällt. Damit wird unterbunden, dass ein höherer Steuersatz des Quellenstaats zu Lasten des Wohnsitzstaates ausgeglichen werden kann. Es wird mithin das Konzept der Kapitalexportneutralität verfolgt, welches passgenau auf die steuerlichen Investitionsbedingungen des Ansässigkeitsstaats ausgerichtet ist. Die steuerliche Belastung soll folglich gerade nicht das Kriterium sein, ob ein inländischer Investor im Inland oder im Ausland investiert.

Bei der Steuerfreistellungsmethode hingegen nimmt der Ansässigkeitsstaat die im Quellenstaat erzielten Einkünfte aus seiner steuerlichen Bemessungsgrundlage aus und stellt sie dort steuerfrei. Es besteuert also einzig der Quellenstaat die Einkünfte, welche somit dem dort geltenden Steuersatz unterliegen. Diese Methode entspricht folglich dem Konzept der Kapitalimportneutralität. Sie gewährleistet Investoren aus verschiedenen Ansässigkeitsstaaten eine einheitliche steuerliche Belastung im Quellenstaat und ist damit vergleichsweise einfach zu handhaben und auch gut administrierbar. Welchem Konzept ein Staat im Ergebnis nähertreten möchte, unterliegt freilich der Souveränität des jeweiligen nationalen Gesetzgebers.

Ich schließe dieses Kapitel mit einigen einführenden Erläuterungen zu den eingangs verschiedentlich bereits angesprochenen *Doppelbesteue-*

rungsabkommen (gebräuchliche Abkürzung: „DBA"), die im 6. Kapitel noch etwas ausführlicher behandelt werden. DBA sind völkerrechtliche Verträge zwischen zwei Staaten, die festlegen, welcher Staat bei einem grenzüberschreitenden Sachverhalt den daraus erwirtschafteten Ertrag besteuern darf. DBA sind, anders als es der Name vermuten lässt, nicht auf die Herbeiführung einer Doppelbesteuerung, sondern auf deren Vermeidung ausgerichtet. Idealerweise sollte, wenn zwischen zwei Staaten ein DBA besteht, in keiner denkbaren Konstellation eine Doppelbesteuerung auftreten, weil die an dem Vertrag beteiligten Staaten entweder die Steuerfreistellungs- oder die Steueranrechnungsmethode anwenden. In vielen Fällen ist das in der Praxis auch tatsächlich der Fall, aber es gibt immer wieder Ausnahmen.

Wenn nach Anwendung eines DBA eine Doppelbesteuerung verbleibt, dann hat der Steuerpflichtige im Grundsatz die Möglichkeit, ein sog. Verständigungsverfahren einzuleiten.[29] Dabei handelt es sich um ein Verfahren, bei dem die beteiligten Finanzbehörden versuchen, im direkten Gesprächswege die für den Steuerpflichtigen drohende Doppelbesteuerung zu vermeiden. Gelingt dies nicht, wird die Doppelbesteuerung definitiv, und es gibt, wie oben bereits ausgeführt, leider immer noch keinerlei Einigungszwang. Zudem gibt es auch Sachfragen, die von den DBA von vornherein nicht erfasst werden, wie z. B. die Frage der Zurechnung von Einkünften zu einem konkreten Steuerpflichtigen. Wenn daher die Finanzverwaltung des Staates A bestimmte Einkünfte dem Steuerpflichtigen X zurechnet und diesen deshalb besteuert, und die Finanzverwaltung des Staates B dieselben Einkünfte dem Steuerpflichtigen Y zurechnet, so vermag ein DBA diesen Konflikt nicht zu lösen.

Die Bundesrepublik Deutschland hat gegenwärtig mit über 90 Staaten DBA auf dem Gebiet der Ertragsteuern abgeschlossen, darunter – natürlich – mit allen wichtigen Handelspartnern.[30] Diese DBA erfassen in der Hauptsache „Steuern vom Einkommen und Vermögen" und daher in Deutschland namentlich die praktisch bedeutsame Einkommen-, Körperschaft- und Gewerbesteuer (sowie die dazugehörigen Zuschläge – wie den Solidaritätszuschlag – und Nebenabgaben). Es gibt aber auch Spezialabkommen, so z. B. für den Schifffahrtsbereich oder für die Kraftfahrzeugsteuer. Besteht mit einem Staat kein DBA, ist der Steuerpflichtige allerdings der Doppelbesteuerung gleichwohl nicht schutzlos ausgeliefert. Die meisten Staaten haben in ihrem nationalen Steuerrecht für diesen Fall vorgesorgt und dort ebenfalls Methoden zur Vermeidung der Doppelbesteuerung verankert. In Deutschland beispielsweise wird in solchen Konstellationen im Grundsatz durchgängig die Steueranrechnungsmethode angewendet. Die Steuerfreistellungsmethode sieht das deutsche nationale Steuerrecht (bislang) nicht vor. In den deutschen DBA werden hingegen beide Methoden gleichermaßen verwendet.

Sollte die Steueranrechnungsmethode nicht eingreifen, weil eine der oben dargestellten Voraussetzungen nicht erfüllt ist, bleibt gewissermaßen als Auffangregel noch die sog. Steuerabzugsmethode. Dabei wird die im Ausland gezahlte Steuer von der inländischen Bemessungsgrundlage wie Betriebsausgaben oder Werbungskosten abgezogen, was aber nicht mehr bedeutet als der sprichwörtliche „Tropfen auf den heißen Stein". Eine Vermeidung der Doppelbesteuerung wird damit nicht annähernd erreicht, und auch die Verminderung der Doppelbesteuerung ist kaum nennenswert. Im oben genannten Beispiel des Steuerpflichtigen (mit Wohnsitz im Staat A) mit Vermietungseinkünften aus dem Staat B würde daher ein Betrag von 20 (ausländische Steuer = 20 % auf 100) von der inländischen Bemessungsgrundlage von 100 (Welteinkommensprinzip!) abgezogen, sodass im Ergebnis 80 als inländische Bemessungsgrundlage verbleiben, auf die dann der inländische Steuersatz von 40 % angewendet würde.

III.

International akzeptierte Anknüpfungspunkte für die Besteuerung

In diesem Kapitel soll kurz erörtert werden, welche Anknüpfungspunkte Staaten herkömmlich für die Besteuerung wählen, d. h. welchen Nexus sie als hinreichend ansehen, um eine Besteuerung in einem ganz konkreten Staat zu legitimieren. Aus dem Völkerrecht erwächst dabei, wie oben bereits erläutert, lediglich die Vorgabe, dass eine irgendwie geartete sachliche Verbindung zum Territorium des besteuernden Staates sichergestellt sein muss. Insofern ist im Ausgangspunkt zwischen den bereits vorgestellten Grundkonzepten der Besteuerung zu unterscheiden, denn für die unbeschränkte Steuerpflicht, die eine Besteuerung mit dem Welteinkommen zur Folge hat, muss folgerichtig ein stärkerer Bezugspunkt gegeben sein als bei der beschränkten Steuerpflicht, bei der nur bestimmte Einkünfte besteuert werden, die aus Einkunftsquellen aus einem ganz bestimmten Staat fließen.

Für natürliche Personen sehen die meisten Staaten der Welt eine unbeschränkte Steuerpflicht nach dem Wohnsitzprinzip vor, d. h. wenn eine Person in einem Staat einen Wohnsitz begründet, unterliegt sie dort der Besteuerung mit ihrem Welteinkommen. Der Ansässigkeitsstaat darf also umfassend sämtliche Einkünfte gleich welcher Herkunft besteuern und muss sich in der Folge überlegen, welche Methode zur Vermeidung der Doppelbesteuerung er auf welche Einkünfte anwenden möchte. Der Ansässigkeitsstaat „muss" freilich nicht besteuern. Es gibt durchaus Staaten (wie die Vereinigten Arabischen Emirate), die für natürliche Personen – aus welchen Gründen auch immer – im Ergebnis keine Einkommensteuer erheben. Wenn die jeweiligen Steuerpflichtigen dann in keinem anderen Staat zusätzlich einen Wohnsitz innehaben, zahlen sie deshalb auch richtigerweise keine Einkommensteuer. Eine gewissermaßen ersatzweise Besteuerung nach dem Welteinkommensprinzip eines anderen Staates, der für diesen Steuerpflichtigen kein Wohnsitzstaat ist, wäre völkerrechtswidrig. Gleiches gilt im Übrigen für Steuerpflichtige, die in keinem Staat einen Wohnsitz haben. Damit sind keineswegs nur Landstreicher oder Obdachlose gemeint, die für die Besteuerung ohnehin meist eine untergeordnete Rolle spielen, sondern es gibt durchaus einige dubiose Privatinvestoren, die ihr Leben nur im Flugzeug (Privatjet!) verbringen und derer man mit den herkömmlichen steuerlichen Anknüpfungspunkten kaum Herr werden kann.

Auch Deutschland wendet das Wohnsitzprinzip an, wenn § 8 der Abgabenordnung in schönstem Behördendeutsch formuliert: „Einen Wohnsitz hat jemand dort, wo er eine Wohnung unter Umständen innehat, die darauf schließen lassen, dass er die Wohnung beibehalten und benutzen wird." Neben dem Wohnsitz sehen viele Staaten zudem einen sog. gewöhnlichen Aufenthalt als begründend für die unbeschränkte Steuerpflicht an. Hier wird meistens an eine zeitlich zusammenhängende Aufenthaltsdauer in einem Staat angeknüpft (international üblich sind Perioden zwischen drei und zwölf Monaten), wie es sich z. B. für Deutschland aus der sog. 6-Monats-Regel in § 9 der Abgabenordnung ergibt: „Den gewöhnlichen Aufenthalt hat jemand dort, wo er sich unter Umständen aufhält, die erkennen lassen, dass er an diesem Ort oder in diesem Gebiet nicht nur vorübergehend verweilt. Als gewöhnlicher Aufenthalt im Geltungsbereich dieses Gesetzes ist stets und von Beginn an ein zeitlich zusammenhängender Aufenthalt von mehr als sechs Monaten Dauer anzusehen." Entsprechend fasst § 1 Absatz 1 des deutschen Einkommensteuergesetzes für das deutsche nationale Steuerrecht zusammen: „Natürliche Personen, die im Inland einen Wohnsitz oder ihren gewöhnlichen Aufenthalt haben, sind unbeschränkt einkommensteuerpflichtig."

Für die unbeschränkte Steuerpflicht sind neben dem Wohnsitz und dem gewöhnlichen Aufenthalt völkerrechtlich noch andere Anknüpfungspunkte denkbar, wie z. B. eine Besteuerung nach der Staatsangehörigkeit oder nach der Abstammung. Die Vereinigten Staaten beispielsweise besteuern weltweit alle US-Staatsangehörigen, ganz gleich, wo diese einen Wohnsitz haben oder sich gewöhnlich aufhalten. Dies gilt selbst für den Fall, dass die jeweiligen Personen nie einen Fuß auf das Staatsgebiet der Vereinigten Staaten gesetzt haben. Das ist natürlich eine sehr weitgehende Anknüpfung, aber niemand wird bestreiten können, dass die Staatsangehörigkeit ein sehr enger Bezugspunkt zu einer Person ist, und genau das ist für die unbeschränkte Steuerpflicht entscheidend. Deutschland hat sich mit dem sog. Kassenstaatsprinzip im Übrigen in einem Spezialfall auch für eine vergleichbar weitgehende Anknüpfung entschieden. Wenn ein Steuerpflichtiger zu einer inländischen juristischen Person des öffentlichen Rechts in einem Dienstverhältnis steht und dafür Arbeitslohn aus einer inländischen öffentlichen Kasse bezieht, tritt ebenfalls die unbeschränkte Steuerpflicht ein, selbst wenn der Steuerpflichtige keinen Wohnsitz im Inland innehat (Beispiel: Diplomaten).

Für andere als natürliche Personen, also sog. juristische Personen (Körperschaften) wie z. B. Kapitalgesellschaften (Beispiele: GmbH oder Aktiengesellschaft), gibt es international übliche, vergleichbare Anknüpfungspunkte für die unbeschränkte Steuerpflicht. In den meisten Staaten wird dabei einerseits an den sog. Sitz und andererseits an den sog. Ort der Geschäftsleitung angeknüpft. Mit Sitz ist dabei derjenige Ort gemeint, der in der Satzung der juristischen Person als Sitz genannt ist und an dem diese Person in einem öffentlichen Register eingetragen ist (z. B. in Deutschland das Handelsregister). Mit dem Ort der Geschäftsleitung ist nach dem Verständnis vieler Staaten derjenige Ort angesprochen, an dem die strategischen Entscheidungen getroffen werden, die für das Unternehmen ein gewisses Gewicht haben.

Bei Personengesellschaften, die zivilrechtlich übrigens keine juristischen Personen sind, wird die Sache schon etwas komplexer. Manche Staaten besteuern Personengesellschaften nämlich wie juristische Personen. Diese Staaten werden deshalb zum Vorliegen einer unbeschränkten Steuerpflicht der Personengesellschaft selbst gelangen, wenn die Personengesellschaft auf ihrem Staatsgebiet ihren Sitz oder ihren Ort der Geschäftsleitung hat. Andere Staaten hingegen, so auch Deutschland, besteuern Personengesellschaften als „transparent", wie man das in der steuerlichen Fachsprache nennt. Das bedeutet, dass nicht die Personengesellschaft selbst, sondern die dahinterstehenden Gesellschafter besteuert werden. Handelt es sich bei den dahinterstehenden Gesellschaftern um natürliche Personen, werden die jeweiligen Staaten auf die oben genannten Anknüpfungspunkte Wohnsitz bzw. gewöhnlicher Aufenthalt abstellen. Sind juristische Personen Gesellschafter, kommt es wiederum auf deren Sitz bzw. den Ort der Geschäftsleitung an. Sind Personengesellschaften die Gesellschafter von Personengesellschaften, wird gleichsam eine Ebene darüber auf die Gesellschafter der Mutterpersonengesellschaft durchgeschaut und nach den eben dargestellten Regeln verfahren. Auf diese Weise bekommt man vergleichsweise einfach auch Fallkonstellationen mit sehr tiefgestaffelten, mehrstöckigen Beteiligungsketten in den Griff.

Auch im unternehmerischen Bereich ist indes die Erfassung der Steuerpflichtigen nicht lückenlos. Man stelle sich nur ein Start-up in der Digitalwirtschaft mit fünf gleichberechtigten Gründern vor, das zwar als Kapital- oder Personengesellschaft gegründet wurde, aber über einen Briefkasten hinaus über keinerlei wirtschaftliche Präsenz verfügt, weil sämtliche geschäftlichen Aktivitäten „online" erbracht werden können. Das Vorliegen einer Betriebsstätte soll daher annahmegemäß verneint werden, und auch mit dem Ort der Geschäftsleitung tut man sich schwer, wenn jeder der Gründer in einem anderen Staat seinen Wohnsitz haben sollte. In solchen Fällen müssen die Staaten schon ganz schöne Klimmzüge unternehmen, um des erwirtschafteten Ertrags steuerlich habhaft zu werden.

Aus den genannten Anknüpfungspunkten für die unbeschränkte Steuerpflicht ist deutlich geworden, dass der Bezug zwischen dem Staatsgebiet des besteuernden Staates und der Person des Steuerpflichtigen vergleichsweise eng ist. Hier besteht also eine sehr unmittelbare Verbindung in persönlicher und häufig auch wirtschaftlicher Hinsicht, die den Ansässigkeitsstaat als Mittelpunkt der Lebensinteressen erscheinen lässt. Genau dies ist die innere Rechtfertigung für die unbeschränkte Steuerpflicht: Im Ansässigkeitsstaat lebt und arbeitet der Steuerpflichtige, er nutzt dessen Infrastruktur oder kommt ggf. in den Genuss sozialer Leistungen. Gewissermaßen im Gegenzug dazu erlaubt sich der Ansässigkeitsstaat, das weltweit erzielte Einkommen des Steuerpflichtigen zu besteuern.

Kommen wir nun zum Konzept der beschränkten Steuerpflicht. Hier wird weniger an die Person des Steuerpflichtigen als vielmehr auf den konkreten Bezug, den konkreten Nexus von Einkünften zum Staatsgebiet des besteuernden Staates abgestellt. Jeder Staat definiert insoweit unabhängig von anderen Staaten, unter welchen Voraussetzungen im Ausland ansässige Personen in diesem Staat mit welchen Einkünften steuerpflichtig werden. In Deutschland beispielsweise sind in § 49 des Einkommensteuergesetzes eben solche sog. inländischen Einkünfte definiert. Diese bauen auf den oben schon angesprochenen sieben Einkunftsarten auf, werden aber um einen engen Anknüpfungspunkt zum inländischen Territorium ergänzt. Die entsprechenden Regelungen im deutschen Einkommensteuergesetz erfassen die meisten im Wirtschafts- und Erwerbsleben vorkommenden Betätigungen, sind häufig recht allgemein formuliert und werden nur selten geändert. Das gesetzliche Grundgerüst in diesem Bereich steht sogar seit einigen Jahrzehnten. Manchmal allerdings gibt es doch Änderungen, und ganz selten sogar welche von rein punktueller Natur. Seit 2010 erst ist beispielsweise die jedenfalls bei Fußballfreunden bekannte sog. Spielerleihe im Inland steuerpflichtig, bei der, wie es das Gesetz formuliert, durch einen ausländischen Fußballclub Einkünfte „aus der Verschaffung der Gelegenheit erzielt werden, einen Berufssportler als solchen im Inland vertraglich zu verpflichten"[31] – eine Regelung mit einem wahrlich kleinen Anwendungsbereich, mag sie auch wegen der enormen Summen, die im internationalen Profifußball an der Tagesordnung sind, vielleicht doch eine gewisse wirtschaftliche Auswirkung haben.

Einkünfte aus selbstständiger Arbeit (Beispiel: Tätigkeit eines Arztes) oder aus nichtselbstständiger Arbeit (Beispiel: Arbeitnehmer einer Bank) führen nur dann zu inländischen Einkünften mit dem Ergebnis einer Besteuerung in Deutschland, wenn die Arbeit im Inland ausgeübt oder verwertet wird. Einkünfte aus der Vermietung von Immobilien führen nur dann zu inländischen Einkünften aus Vermietung und Verpachtung mit dem Ergebnis einer Besteuerung in Deutschland, wenn die Immobilie im Inland belegen ist. Einkünfte aus Kapitalvermögen (Beispiel: Gewinnausschüttungen) führen nur dann zu inländischen Einkünften aus Kapitalvermögen, wenn der Schuldner der Zahlungen (z. B. eine AG) seinen Sitz im Inland hat. Bei den heute immer wichtiger werdenden immateriellen Wirtschaftsgütern (Beispiele: Markenrechte, Patentrechte) gilt Entsprechendes: Hier müssen die Rechte im Inland z. B. in ein inländisches öffentliches Register (Beispiel: Marken- oder Patentregister) eingetragen sein oder sie müssen in einer inländischen Betriebsstätte genutzt oder verwertet werden. Nur wenn Steuerausländer also die genannten zusätzlichen Merkmale des Inlandsbezugs erfüllen, werden sie auch im Inland (beschränkt) steuerpflichtig. Fehlt es umgekehrt an diesen Merkmalen, bleibt es bei einer Besteuerung allein im Ausland oder sogar gar keiner Besteuerung, sofern das anwendbare ausländische Steuerrecht seinerseits von einer Besteuerung absieht.

Mit dem Begriff der Betriebsstätte wäre zugleich zum historisch wichtigsten steuerlichen Anknüpfungspunkt bei gewerblichen Tätigkeiten übergeleitet. Nur wenn ein Unternehmen in einem anderen Staat über eine Betriebsstätte verfügt, wird es dort steuerpflichtig – so lautete für die vergangenen Jahrzehnte die ungeschriebene Übereinkunft vieler Staaten vor dem Hintergrund industrieller Aktivitäten in der Realwirtschaft (Einzelheiten dazu im 5. Kapitel). Für Deutschland legt § 12 Satz 1 der Abgabenordnung fest, was das Steuerrecht unter einer Betriebsstätte versteht. Eine Betriebstätte ist danach jede feste Geschäftseinrichtung oder Anlage, die der Tätigkeit eines Unternehmens dient. Beispielhaft wird sodann im Gesetz genannt, dass die Stätte der Geschäftsleitung, eine Zweigniederlassung, eine Geschäftsstelle, eine Fabrikations- oder Werkstätte, ein Warenlager, eine Ein- oder Verkaufsstelle, aber auch ein Bergwerk, ein Steinbruch (oder eine andere stehende, örtlich fortschreitende oder schwimmende Stätte der Gewinnung von Bodenschätzen) sowie eine Bauausführung oder Montage eine Betriebsstätte begründet. Liegt eine solche Betriebsstätte in einem Staat vor, so ist dieser Staat berechtigt, die der Betriebsstätte zugewiesenen Gewinne nach den Regeln der beschränkten Steuerpflicht zu besteuern.

Neben das Konzept der Betriebsstätte tritt in vielen Staaten zudem der sog. ständige Vertreter. Dabei handelt es sich um Personen, die in einem Staat für ein Unternehmen, das in einem anderen Staat ansässig ist, geschäftlich tätig sind und die insbesondere über eine Vollmacht verfügen, das Unternehmen rechtlich zu binden. Bereits historisch war dieses Konzept des ständigen Vertreters auf Vertriebstätigkeiten von Unternehmen ausgerichtet, für die das Unternehmen nicht zwingend einer Betriebsstätte bedurfte. Wir wollen uns beispielhaft einen Kosmetikproduzenten vorstellen, der sein Vertriebsnetz in einzelnen Staaten über auf Provisionsbasis tätige natürliche Personen steuert. Diese natürlichen Personen sollen dabei annahmegemäß nur aus ihrem Homeoffice tätig werden und im Übrigen vor Ort die Kunden aufsuchen. In Fällen wie diesem wäre es also ein Leichtes für Unternehmen, der Steuerpflicht im Marktstaat zu entgehen, weil die dafür notwendige Betriebsstätte nicht besteht. Gewissermaßen ersatzweise knüpft die Steuerpflicht deshalb in vielen Staaten an das Vorhandensein eines ständigen Vertreters an.

Der Begriff der Betriebsstätte ist historisch ersichtlich auf produzierende Unternehmen ausgelegt. Die Betriebsstätte war entsprechend in vielen Staaten jahrzehntelang die Eintrittsschwelle in die Besteuerung im Bereich der Besteuerung von Unternehmen, und sie erforderte nach dem Gesagten herkömmlich eine physische Präsenz. Wie im 8. Kapitel noch näher erläutert wird, haben einige Staaten (v. a. Entwicklungsländer) jedoch irgendwann begonnen, die Schwelle zur Betriebsstätte immer weiter abzusenken, weil auf diese Weise immer mehr ausländische Unternehmen in die beschränkte Steuerpflicht hineinrutschen. Diese Staaten haben also ihre Besteuerungsrechte ausgeweitet, ebenso wie sie – allgemeiner gesprochen – generell durch eine Ausweitung der

Anknüpfungspunkte für die beschränkte Steuerpflicht größere Stücke vom „internationalen Steuerkuchen" für sich abzuschneiden glauben.

Solange dabei der sachliche Bezug zum jeweiligen staatlichen Territorium gewahrt bleibt, spricht aus der Sicht des Völkerrechts auch nichts gegen diese Vorgehensweise. Man muss aber sehen, dass die Staaten der Welt heute zunehmend versuchen, ihre Besteuerungsrechte gegeneinander abzugrenzen respektive diese allgemein auszuweiten. Dies geschieht freilich vornehmlich im Bereich des Konzepts der beschränkten Steuerpflicht, weil die unbeschränkte Steuerpflicht ja von vornherein auf eine umfassende, das weltweite Einkommen erfassende Besteuerung angelegt ist. In Teilen lückenhaft sind in den meisten Staaten beide Konzepte, sowohl die unbeschränkte als auch die beschränkte Steuerpflicht. Die unbeschränkte Steuerpflicht kann z.B. lückenhaft sein, weil sie nicht jeden Steuerpflichtigen, nicht jede natürliche oder juristische Person erfasst (man sagt, dann ist die sog. persönliche Steuerpflicht eingeschränkt), und die beschränkte Steuerpflicht kann lückenhaft sein, weil nicht jeder Ertrag, der einen sachlichen Bezug zum Territorium des besteuernden Staates hat, auch zwingend besteuert werden muss (man sagt, dann ist die sog. sachliche Steuerpflicht hinsichtlich eines konkreten Steuerpflichtigen eingeschränkt).

Deutschland beispielsweise hat in seinem Einkommensteuergesetz eine Regelung dahingehend getroffen, dass gewöhnliche Zinsen, die ein in Deutschland ansässiger Schuldner an einen im Ausland ansässigen Gläubiger zahlt, nicht der beschränkten Steuerpflicht unterliegen sollen.[32] Die Ansässigkeit des Schuldners im Inland wäre zwar völkerrechtlich ein völlig ausreichender Anknüpfungspunkt zum Inland gewesen, aber der deutsche Gesetzgeber hat anders entschieden. Umgekehrt unterliegen sogar Zinszahlungen eines im Ausland ansässigen Schuldners an einen ebenfalls im Ausland ansässigen Gläubiger dann der deutschen beschränkten Steuerpflicht, wenn das Darlehen, für das die Zinsen entrichtet werden, durch ein Grundpfandrecht (z.B. eine Hypothek oder Grundschuld) an einem wiederum im Inland belegenen Grundstück besichert ist. Dann ist der Bezug zum inländischen Territorium freilich ein sehr mittelbarer, weil er weder durch die Ansässigkeit von Gläubiger oder Schuldner, noch durch den Kapitalstock, sondern „nur" durch das Sicherungsobjekt „inländisches Grundvermögen" dargestellt wird. Auch dies ist indes ein tauglicher territorialer Bezug im Sinne des Völkerrechts und vermag die Besteuerung zu legitimieren.

Man wird sich daher als „Faustregel" – juristisch gesprochen als sog. allgemeine Regel des Völkerrechts – merken können, dass nur bei einer steuerlichen Vorschrift, die auch bei weitester Auslegung keinerlei sachlichen Nexus zu dem Territorium des besteuernden Staates erkennen lässt, eine völkerrechtswidrige Besteuerung gegeben wäre. Zumindest in Deutschland hat es so einen Fall bislang noch nicht gegeben. Zudem wäre die Folgefrage, wie sich der Steuerpflichtige gegen einen solchen Fall von sog. extraterritorialer Besteuerung wehren könnte. Für die deutsche Rechtsordnung beantwortet Artikel 25 des Grundgesetzes diese Frage, wenn es dort heißt: „Die allgemeinen Regeln des Völkerrechtes sind Bestandteil des Bundesrechtes. Sie gehen den Gesetzen vor und erzeugen Rechte und Pflichten unmittelbar für die Bewohner des Bundesgebietes." Der Rechtsschutz würde sich daher nicht anders gestalten als bei „normalen" deutschen Steuergesetzen auch.

IV.

Die Akteure der internationalen Besteuerung

Die Akteure der internationalen Besteuerung sind in erster Linie die Staaten der Welt, die sich innerhalb der internationalen Staatengemeinschaft als gleichberechtigte Gebietskörperschaften und Völkerrechtssubjekte gegenüberstehen. Steuerrecht ist, wie oben bereits erläutert wurde, Hoheitsrecht. Nur Staaten, die nach den Regeln des Völkerrechts als solche offiziell anerkannt sind, haben in diesem Sinne die Befugnis, Hoheitsrecht zu setzen, das dann in der Folge auch von anderen Staaten akzeptiert wird. Die Regelungsgeber des Steuerrechts sind deshalb, mit wenigen Ausnahmen, ausschließlich einzelne Staaten. Dies gilt selbst in den Fällen, in denen es um die Besteuerung von grenzüberschreitenden Sachverhalten und damit um die Regeln des internationalen Steuerrechts geht. „Internationales Steuerrecht" in diesem Sinne ist also grundsätzlich nationales Recht aus der Feder eines nationalen Gesetzgebers. Es gibt also nur das „deutsche internationale Steuerrecht", das „österreichische internationale Steuerrecht" oder das „französische internationale Steuerrecht", nicht aber das internationale Steuerrecht als solches in dem Sinne, dass der Regelungsgeber (d. h. die Institution, die das Recht in die Welt setzt) eine international anerkannte Organisation wäre, die mit Wirkung für einen oder mehrere Staaten Recht setzen könnte.

Freilich stünde es den einzelnen Staaten ebenso grundsätzlich frei, Besteuerungsbefugnisse auf über- bzw. zwischenstaatliche, völkerrechtlich anerkannte Organisationen zu übertragen, sofern dies durch das nationale Verfassungsrecht dieser Staaten vorgesehen ist. Im Bereich des traditionellen Völkerrechts ist dies aber bislang nicht geschehen, was auch nachvollziehbar ist. Die Steuern als Haupteinnahmequelle eines Staates betreffen diesen Staat in seinen Grundfesten, und Budgethoheit hat auch immer etwas mit Staatsmacht zu tun. Es ist unmittelbar einleuchtend, dass dies kein Staat leichtfertig aus der Hand gibt.

Eine der weltweit bedeutsamen Ausnahmen hiervon bildet die Europäische Union, und auch hier erleben wir gegenwärtig, dass „bei Geld die

Freundschaft schnell aufhört". Die EU ist für den hier interessierenden Bereich der Ertragsteuern zwar an der Steuererhebung und der Festsetzung von Steuersätzen nicht direkt beteiligt, weil die Europäischen Verträge, auf denen die EU gründet, eine solche Befugnis nicht vorsehen.[33] Über die Höhe der von den Steuerpflichtigen gezahlten Steuern entscheiden demgemäß deren jeweilige nationale Regierungen, die auch beschließen, wofür die eingenommenen Steuergelder ausgegeben werden. In einigen Bereichen jedoch, insbesondere in Bezug auf die Unternehmens- und Verbraucherpolitik, kontrolliert die EU sogar die Ausgestaltung der nationalen Steuervorschriften, um den freien Verkehr von Waren, Dienstleistungen und Kapital im Binnenmarkt der EU zu gewährleisten, um sicherzustellen, dass sich Unternehmen eines Staates keinen ungerechtfertigten Vorteil gegenüber ihren Wettbewerbern in anderen Staaten erschleichen, und schließlich um auszuschließen, dass Steuern oder allgemein steuerliche Vorschriften die Verbraucher, Arbeitnehmer und Unternehmen anderer EU-Länder diskriminieren. Die Verhinderung jeglicher Diskriminierung aufgrund der Staatsangehörigkeit (oder anderer vergleichbarer Kriterien) ist nämlich eines der zentralen Anliegen der sog. Grundfreiheiten im Europarecht (dazu sogleich).

Das maßgebliche rechtstechnische Mittel zur Umsetzung der darauf gerichteten Kontrolle durch die EU ist die sog. Richtlinie. Sie zielt auf eine Harmonisierung, d. h. eine Angleichung des nationalen Rechts der EU-Mitgliedstaaten in ganz bestimmten Regelungsbereichen ab, wobei in der Praxis aufgrund der unterschiedlichen politischen Interessenlagen regelmäßig nur eine „Mindestharmonisierung" erreicht werden kann. Die Staaten einigen sich also immer erstmal auf den kleinsten gemeinsamen Nenner. Von der EU erlassene Richtlinien sind von den Mitgliedstaaten zwingend in nationales Recht umzusetzen, und die Europäische Kommission verfügt über in den Europäischen Verträgen verankerte Befugnisse, die korrekte Umsetzung der Richtlinien zu überwachen. Historisch, konkret seit 1967, ist die Rechtsangleichung im Steuerbereich innerhalb der EU besonders bei den indirekten Steuern, also bei der Umsatzsteuer und bei besonderen Verbrauchsteuern (z. B. Tabaksteuer), fortgeschritten. Das gesamte deutsche Umsatzsteuersystem beispielsweise beruht auf europäischen Vorgaben in Gestalt der sog. Mehrwertsteuersystemrichtlinie, und im Grunde ist nur die Höhe des Steuersatzes noch in gewissen Grenzen in das Belieben der Mitgliedstaaten gestellt.[34]

Für den Bereich des Ertragsteuerrechts setzte die Harmonisierung durch Richtlinien ungleich später ein. Erst 1990 wurden die ersten drei Richtlinien verabschiedet, nämlich die sog. Mutter-Tochter-Richtlinie,[35] die sog. Fusionsrichtlinie[36] und die sog. Schiedskonvention.[37] Alle drei Richtlinien sorgten für eine gewisse Begünstigung der Steuerpflichtigen in bestimmten Bereichen, die die Mitgliedstaaten fortan in ihr nationales Steuerrecht zu transportieren hatten. Die Mutter-Tochter-Richtlinie brachte steuerliche Erleichterungen bei grenzüberschreitenden Gewinnausschüttungen zwischen Kapitalgesellschaften, die Fusionsrichtlinie sollte grenzüberschreitende Umstrukturierungen (z. B. Verschmelzungen) von Gesellschaften durch Steuerneutralität erleichtern und die Schiedskonvention sorgte erstmals für ein verfahrensrechtliches Instrument des Steuerpflichtigen, in bestimmten Streitigkeiten über Verrechnungspreise Doppelbesteuerungen zu vermeiden. Diese Praxis der Begünstigung des Steuerpflichtigen durch Richtlinien im innereuropäischen Beritt setzte sich auch im Jahr 2003 fort, als die sog. Zinsrichtlinie (inzwischen abgelöst durch den automatischen Austausch von Finanzkonteninformationen)[38] und die sog. Lizenzgebührenrichtlinie[39] die Mitgliedstaaten zwangen, in bestimmten Konstellationen Zins- bzw. Lizenzzahlungen zwischen verbundenen Unternehmen steuerfrei zu stellen. Im Anschluss kehrte auf EU-Ebene im Bereich des Ertragsteuerrechts für viele Jahre Ruhe ein. Erst in den vergangenen drei Jahren setzte die EU wieder vermehrt auf das Mittel der Richtlinie, diesmal allerdings erstmals zulasten des Steuerpflichtigen. Hierauf wird später noch etwas detaillierter zurückzukommen sein.

Die Tatsache, dass die Richtlinien nur eine Mindestharmonisierung bezwecken sollen und oft auch Wahlrechte zugunsten der Mitgliedstaaten enthalten, erleichtert natürlich ganz erheblich die politische Willensbildung und auch die Rechtfertigung des Abstimmungsverhaltens auf europäischer Ebene gegenüber den Bürgern der Nationalstaaten. Trotz der Tatsache, dass die Richtlinien auf EU-Ebene zwingend einstimmig von den Mitgliedstaaten zu verabschieden sind, kommen daher Richtlinien zustande, weil die Mindestharmonisierung letztlich immer ein politischer Kompromiss ist, dem monatelange Verhandlungen und „Kamingespräche" vorausgegangen sind. Die eine oder andere Steuerfreiheit bei bestimmten grenzüberschreitenden Sachverhalten wirkt sich dabei natürlich auf das Steueraufkommen der Mitgliedstaaten aus, aber es handelt sich dabei zum einen um eng abgegrenzte Einzelfälle und zum anderen können sich die in den Richtlinien enthaltenen Regelungen je nach Fallkonstellation durchaus mal zugunsten, mal zuungunsten eines einzelnen Staates auswirken.

Anders sieht die Sache aus, wenn es gewissermaßen „ans Eingemachte" geht. Seit 2001 steht beispielsweise innerhalb der EU die Idee einer sog. Gemeinsamen Konsolidierten Körperschaftsteuer-Bemessungs-grundlage (GKKB) im Raum.[40] Deren Grundüberlegung klingt zu-nächst ganz charmant: Die GKKB umfasst einheitliche Regeln für die Berechnung steuerpflichtiger Gewinne aller in der EU tätigen Unter-nehmen. Mit der GKKB müssten Unternehmen zur Berechnung ihres Gewinns für Steuerzwecke nur die Regeln eines einzigen europaweiten Systems befolgen, während bislang die Gesellschaften einer Unterneh-mensgruppe die Körperschaftsteuerregeln aller Mitgliedstaaten beachten müssen. Unternehmen könnten künftig nur eine Steuererklärung für ihre gesamten EU-Gesellschaften abgeben, und sie könnten Verluste in einem Mitgliedstaat mit Gewinnen in einem anderen Mitgliedstaat verrechnen. Der solchermaßen konsolidierte steuerliche Gewinn eines Konzerns würde dann auf Basis einer Formel zwischen all jenen Mit-gliedstaaten aufgeteilt, in denen der Konzern aktiv ist. Jeder Mitglied-staat besteuert dann im Anschluss seinen Anteil am Gewinn unter An-wendung seines nationalen Steuersatzes. Die Steuersatzhoheit bliebe den Mitgliedstaaten also erhalten, aber die Regeln der Gewinnermittlung und Gewinnverteilung würden harmonisiert.

Ein solches Konzept hätte viele offensichtliche Vorteile. Bürokratie-hemmnisse und Befolgungskosten für Unternehmen im Binnenmarkt würden reduziert, und zielgerichtete Gewinnverschiebungen zwischen den Mitgliedstaaten würden obsolet. Dennoch ist das Projekt einer GKKB bislang politisch „durchgefallen", weil zwischen den Mitglied-staaten keine Einstimmigkeit hergestellt werden konnte. Der Haupt-grund hierfür dürfte in den kaum abschätzbaren Konsequenzen einer Umsetzung für das jeweilige nationale Steueraufkommen liegen. Zum Teil war im Anschluss an die erste offizielle, fehlgeschlagene Abstim-mung über die GKKB im Jahr 2011 innerhalb der EU noch versucht worden, im Wege der bilateralen Zusammenarbeit dennoch voranzu-kommen, so etwa zwischen Deutschland und Frankreich.[41] Ein „großer Wurf" ist den Mitgliedstaaten aber bislang nicht gelungen.

Das Einstimmigkeitserfordernis würde auch Geltung beanspruchen, wenn die Mitgliedstaaten versucht wären, ihre Besteuerungshoheit für die Ertragsbesteuerung gänzlich auf die EU zu übertragen oder wenn man vom Einstimmigkeitserfordernis zu einem Mehrheitsprinzip übergehen wollte. Neben der Tatsache, dass hierfür in Deutschland auch eine Grundgesetzänderung notwendig wäre, wäre ein solches Unterfangen sicherlich politisch von vornherein hoffnungslos. Dies gilt schon innenpolitisch: Gerechtfertigt oder nicht, sind die Vorbehalte vieler Bürger gegenüber der EU gegenwärtig kaum zu überhören. Es wird deshalb mutmaßlich auf absehbare Zeit dabei bleiben, dass der EU im Bereich der Ertragsbesteuerung keine weiteren Kompetenzen übertragen werden, auch wenn die Rufe nach „eigenen Steuern" der EU bei den Diskussionen um die Zukunft der EU immer lauter werden.[42]

Neben das Europäische Parlament und den Rat, die in Zusammenarbeit die europäischen Richtlinien erarbeiten und verabschieden und deshalb gewissermaßen die europäischen Regelungsgeber sind, treten als weitere Akteure in Steuersachen noch der Europäische Gerichtshof sowie die bereits genannte Europäische Kommission. Die EU-Kommission wird auch die „Hüterin der Verträge" genannt. Sie überwacht die Einhaltung der Europäischen Verträge durch die Mitgliedstaaten sowie die Gemeinschaftsrechtskonformität aller auf dieser Grundlage unmittelbar oder mittelbar erlassenen Rechtsvorschriften, damit das übergeordnete Ziel der EU, die Errichtung eines freien Binnenmarkts, erreicht werden kann.

Dies gilt auch für den Bereich des Steuerrechts. Daneben wird die EU-Kommission zuletzt als Initiatorin von Richtlinien für den ertragsteuerlichen Sektor aktiv, wie oben bereits angedeutet wurde. Ein weiteres Beispiel aus jüngerer Zeit: Im freien, grenzüberschreitenden Warenverkehr drückt sich in besonderer Weise das Prinzip der freien Marktwirtschaft aus, das wir aus dem Inland kennen. Freie Marktwirtschaft bedeutet bekanntlich, dass in den Markt durch staatliche Stellen im Grundsatz nicht regulierend eingegriffen werden darf. Deshalb sind beispielsweise auch Subventionen verboten, die in den europäischen Verträgen „unerlaubte Beihilfen" genannt werden und dort nur ausnahmsweise ausdrücklich zugelassen sind (z. B. in der Landwirtschaft). Eine unerlaubte Beihilfe liegt vor, wenn bestimmten Unternehmen oder Industriezweigen ein sog. selektiver Vorteil gewährt wird, der anderen Marktteilnehmern nicht zuteilwird. Ein solcher Vorteil kann sich auf verschiedene Weise ausdrücken, so etwa in einer Geldzahlung (Subvention) oder eben auch in einem Steuervorteil, den andere Unternehmen nicht gewährt bekommen[43] (dazu näher noch im 7. Kapitel).

Vor diesem Hintergrund hat die EU-Kommission in den letzten Jahren vermehrt präferenzielle Steuerregime von einzelnen EU-Mitgliedstaaten genauer unter die Lupe genommen und z.B. die vergleichsweise niedrigen Steuerzahlungen des US-amerikanischen Konzerns Apple in Irland als unerlaubte Beihilfe qualifiziert. Irland forderte infolgedessen zunächst rund 14 Mrd. Euro von Apple ein.[44] Auch Deutschland stand schon vereinzelt im Verdacht, im steuerlichen Bereich unerlaubte Beihilfen gewährt zu haben.[45]

Dem Europäischen Gerichtshof wird in diesem und anderem Zusammenhang die Aufgabe der Rechtsprechung zuteil. Er ist das Organ, das letztverbindlich über die Verletzung von EU-Recht befindet. Die Kommission übernimmt insofern gewissermaßen die Rolle der „europäischen Staatsanwaltschaft", die ermittelt und ggf. ein Verfahren gegen Mitgliedstaaten in Gang setzen muss, falls eine Verletzung des Gemeinschaftsrechts zu befürchten ist. In einem sog. Vertragsverletzungsverfahren vor dem Europäischen Gerichtshof wird sodann geklärt, ob eine Verletzung tatsächlich stattgefunden hat. In gleicher Weise haben die nationalen Gerichte der Mitgliedstaaten die Möglichkeit, den Europäischen Gerichtshof über die Frage anzurufen, ob eine nationale Norm eines Mitgliedstaats mit dem Europarecht vereinbar ist, wenn diese Frage in einem nationalen Rechtsstreit entscheidungserheblich ist. Handelt es sich um ein letztinstanzliches nationales Gericht, muss sogar vorgelegt werden. Der Grund hierfür ist im sog. Anwendungsvorrang des Europarechts zu sehen. Verstößt eine nationale Norm gegen Europarecht, darf sie nicht angewendet werden. Der Sinn dieses Anwendungsvorrangs ist im Hinblick auf den gemeinschaftsrechtlichen Effektivitätsgrundsatz naheliegend. Wenn die Anwendung des Europarechts in dem freien Ermessen der Mitgliedstaaten überantwortet wäre, bliebe von der Europäischen Union vermutlich nicht viel übrig.

Dem Europäischen Gerichtshof kommt insofern in praktischer Hinsicht im Steuerrecht eine nicht zu unterschätzende Bedeutung zu. Sowohl im Bereich der indirekten als auch der direkten Steuern werden dort jedes Jahr Dutzende Verfahren geführt, an deren Ende nicht selten die Gemeinschaftsrechtswidrigkeit steuerlicher Vorschriften steht. Steuerliche Normen können dabei sowohl verfahrensrechtlich unzulässig sein als auch inhaltlich den oben schon genannten sog. europäischen Grundfreiheiten widersprechen. Der bereits angesprochene Binnenmarkt umfasst einen Raum ohne Binnengrenzen, in dem der freie Verkehr von

Waren, Personen, Dienstleistungen und Kapital gewährleistet sein soll. Die Hindernisse für den freien Waren-, Personen-, Dienstleistungs- und Kapitalverkehr innerhalb der EU sollen entsprechend durch die vier sog. Grundfreiheiten Warenverkehrsfreiheit, Personenverkehrsfreiheit, Dienstleistungsfreiheit und Kapitalverkehrsfreiheit beseitigt werden.

Steuerliche Vorschriften des nationalen Rechts, die steuerlich relevante grenzüberschreitende Betätigungen aufgrund der (ausländischen) Staatsangehörigkeit oder eines ähnlichen Merkmals diskriminieren oder diese gegenüber einer rein nationalen Betätigung in irgendeiner Weise benachteiligen, sind daher latent dem Vorwurf der Gemeinschaftsrechtswidrigkeit ausgesetzt, wenn kein hinreichender Grund für die Differenzierung erkennbar ist (ein solcher sachlicher Grund kann beispielsweise die Bekämpfung der internationalen Steuerflucht sein, dazu später mehr). Auch nationale steuerliche Vorschriften Deutschlands sind schon in vielen Fällen vom Europäischen Gerichtshof als europarechtswidrig eingestuft und infolgedessen vom deutschen Gesetzgeber geändert worden.

Abseits dessen hat sich gewissermaßen durch die Macht des Faktischen in den letzten Jahren auch das Innehaben der EU-Ratspräsidentschaft[46] zu einem bedeutenden Datum im Hinblick auf das Steuerrecht entwickelt. Hat ein Mitgliedsstaat die EU-Präsidentschaft inne, ist er dafür verantwortlich, dass die Arbeit des Rates vorangetrieben wird und tatsächlich auch Entscheidungen gefällt werden. Die Ratspräsidentschaft wechselt unter den EU-Mitgliedstaaten im Rotationsprinzip alle sechs Monate. Die EU-Ratspräsidentschaft hat im Wesentlichen drei Hauptaufgaben: Erstens leitet und moderiert sie die Treffen und Arbeiten des Europäischen Rates, des Rates der Europäischen Union (das sind zwei unterschiedliche Organe!) und weiterer rund 200 Ausschüsse und Arbeitsgruppen. Zweitens fällt es in den Verantwortungsbereich der Ratspräsidentschaft, die Mitgliedstaaten in den Beziehungen zu anderen EU-Institutionen, vor allem der Kommission und dem Europäischen Parlament, zu vertreten. Drittens repräsentiert die Präsidentschaft die EU gemeinsam mit der Kommission auch auf internationaler Ebene, z. B. gegenüber der WTO, der UN oder der OECD.

In dem dargestellten Rahmen sind die Mitgliedstaaten, die die Ratspräsidentschaft innehatten, schon seit einigen Zyklen dazu übergegangen, sich dezidiert auch steuerlicher Themen und Fragestellungen anzunehmen, die dann in Arbeitsgruppen und Ausschüssen bearbeitet werden.

Nach 13 Jahren übernimmt Deutschland am 1. Juli 2020 wieder den Vorsitz des Rates der Europäischen Union. Das Bundesfinanzministerium hat verkündet, dass die „faire Besteuerung von Unternehmen" und insbesondere die Vereinbarung einer internationalen Mindestbesteuerung (dazu später mehr im 12. Kapitel) ganz oben auf der deutschen Agenda stehen.[47]

Eine ganz ähnliche, aber wohl noch bedeutsamere Rolle spielt im Hinblick auf das Steuerrecht die Gemeinschaft der G20 (was faktisch regelmäßige Treffen der G20-Finanzminister und -Notenbankgouverneure bedeutet) und insbesondere die G20-Präsidentschaft. Das noch näher im 9. Kapitel darzustellende sog. BEPS-Projekt der OECD beispielsweise geht ganz maßgeblich auf einen Beschluss der G20 zurück, und im Juni 2019 warb Bundesfinanzminister *Olaf Scholz* beim G20-Treffen der Finanzminister und Notenbankgouverneure im japanischen Fukuoka ganz prominent für die Einführung der eben schon angesprochenen globalen Mindestbesteuerung von Unternehmen.[48]

Der mit Abstand mächtigste Akteur der internationalen Besteuerung aber ist jedenfalls – neben der EU-Kommission – gegenwärtig die OECD, was besonders erstaunlich ist, weil es sich dabei weder um einen Staat noch um ein Völkerrechtssubjekt handelt, dem die Mitgliedstaaten eine irgendwie geartete Rechtsetzungskompetenz übertragen hätten. Die heutige Organisation für wirtschaftliche Zusammenarbeit und Entwicklung (OECD) mit Sitz in Paris war ursprünglich eine Vereinigung nur europäischer Staaten, bis im Jahr 1961 auch außereuropäische Staaten beitraten. Ihr gehören heute 36 Staaten an. Die OECD hat sich in den vergangenen Dekaden vor allem in den Bereichen Wirtschaftspolitik und Entwicklungshilfe verdient gemacht. Die Abkürzung OECD erklärt sich aus der englischen authentischen Bezeichnung „Organisation for Economic Co-operation and Development" und nicht, wie Spötter behaupten, aus der Abkürzung für „Organisation for Excellent Cocktails and Dining".

Wie noch im 6. Kapitel näher beschrieben wird, hat die OECD über das von ihr seit den 1960er Jahren herausgegebene Musterabkommen auf dem Gebiet der Steuern vom Einkommen und Vermögen sowie den dazugehörigen Musterkommentar eine enorme Breitenwirkung erfahren. Die von der OECD erarbeiteten Regeln sind zwar für die Mitgliedstaaten nicht rechtlich verbindlich (es handelt sich also gewissermaßen nur um sog. „soft law"), aber ihre Stimme wird gehört und nicht selten entsteht ein faktischer Zwang zur Umsetzung. Ebenso faktisch stehen hinter den von der OECD im steuerlichen Bereich erarbeiteten Regeln Vertreter der Finanzministerien der Mitgliedstaaten, denn sie werden zur OECD entsandt und arbeiten in verschiedenen Arbeitsgruppen (sog. Working Parties) in regelmäßigen Abständen zu genau festgelegten steuerlichen Fragestellungen.

Daneben sind viele der jüngeren „Trends" im internationalen Steuerrecht auf die OECD zurückzuführen. Dies gilt sowohl für die Besteuerung der Digitalwirtschaft als auch die Bekämpfung der internationalen Steuerflucht, die prominent im darauf gerichteten sog. BEPS-Projekt der OECD (dazu mehr im 9. Kapitel) ihren Niederschlag gefunden hat, dessen wichtigste, historisch bislang einmalige Leistung in der Vereinbarung des sog. Multilateralen Instruments liegt, also eines mehrseitigen Steuerabkommens, mit dem „auf einen Schlag" möglichst viele der heute bestehenden Doppelbesteuerungsabkommen einheitlich geändert werden sollen. Auf dieses mehrseitige Steuerabkommen wird ebenfalls noch näher im 9. Kapitel eingegangen werden. An dieser Stelle mag der Hinweis genügen, dass die OECD zur Überwachung der daraus folgenden Umsetzungsverpflichtungen aus dem BEPS-Projekt und zur Weiterentwicklung der internationalen Zusammenarbeit im Steuerbereich auf Ebene der OECD mit dem sog. „Inclusive Framework on BEPS" ein neues Gremium geschaffen hat, an dem erstmals Industrie-, Schwellen- und Entwicklungsländer gleichberechtigt teilnehmen können und dem im August 2019[49] insgesamt 134 Staaten angehörten.

Die ohnehin schon gewaltige faktische Machtfülle der OECD hat sich damit noch einmal signifikant ausgeweitet. Mit Ausnahme der Vereinten Nationen, die ebenfalls im steuerlichen Bereich aktiv sind und seit den 1980er Jahren ein eigenes Musterabkommen zur Vermeidung der Doppelbesteuerung herausgeben, das für die Vereinigten Staaten und für weitere – ihr meist nahestehende – wirtschaftlich und politisch bedeutsame Staaten durchaus meinungsbildend ist, sind andere supranationale Organisationen wie der Internationale Währungsfond oder die Weltbank in steuerlicher Hinsicht bislang nur punktuell in Erscheinung getreten.

V.

Der Verteilungskampf und Kompromiss der 1920er Jahre

Die Grundprobleme bei der internationalen Verteilung von Besteuerungsrechten und das Wissen um die Notwendigkeit der Vermeidung von Doppelbesteuerungen sind theoretisch schon seit Mitte bis Ende des 19. Jahrhunderts bekannt. In früheren Zeiten gab es jedoch in kaum einem Land eine personenbezogene Ertragsbesteuerung, insbesondere Einkommensbesteuerung moderner Prägung, die sich an der Leistungsfähigkeit bemaß und auch transterritorial wirkte. Die Idee des Welteinkommensprinzips im Rahmen der Besteuerung ist historisch betrachtet sogar relativ neu, und ohne ein solches System stellt sich die Frage nach etwaigen Doppelbesteuerungen und deren Vermeidung nur in Ausnahmefällen (z. B. bei Kolonialstaaten, die ein eigenes Steuersystem beibehalten durften).

Spätestens mit der Industrialisierung aber ließen sich Entwicklungen beobachten, die in wirtschaftlicher Hinsicht Rückschlüsse auf eine stärkere globale Integration zulassen. Die zunehmende Ausbreitung technischer Innovationen verlangte nach einem globalen Absatzmarkt, Großbritannien als die zentrale Weltmacht dieser Zeit etwa setzte aus ihrer Vormachtstellung heraus die Doktrin des Freihandels durch. Das erklärte Ziel war die Errichtung eines Welthandels ohne Handelshemmnisse, in dem die Staaten außerhalb Europas (insbesondere die Kolonien) einerseits die Rolle von Rohstoff- und Nahrungsmittellieferanten, andererseits die Rolle von willkommenen Absatzmärkten einzunehmen hatten. Insbesondere um die Jahrhundertwende zwischen dem 19. und 20. Jahrhundert hatten sich ökonomische Strukturen verfestigt, die teilweise auch heute (noch oder schon wieder) bestehen, so beispielsweise in Staaten mit einer hohen Exportabhängigkeit (so bekanntlich auch in Deutschland). Der Versuch des Aufbaus eigener Industrien, die man Westeuropa entgegensetzen konnte, gelang nur den wenigsten Ländern (wie z. B. Japan). Die meisten Staaten scheiterten und gerieten in Schuldenfallen und damit in weitere Abhängigkeiten (z. B. Ägypten und weitere nordafrikanische Länder).

Diese Entwicklungen blieben nicht folgenlos. Anfang des 20. Jahrhunderts bestand zwar ein durchaus schwunghafter Handel zwischen vielen Staaten, aber die Weltregionen hatten auch ganz erhebliche ökonomische Unterschiede zu verzeichnen, die sich – sehr holzschnittartig – in den Unterschieden zwischen den (reichen) Industriestaaten einerseits und den (armen) Entwicklungsländern andererseits manifestierten. Um 1913 herum waren die Exportquoten der europäischen Staaten auf einem Höchststand, und die Vereinigten Staaten hatten sich zwischenzeitlich zum weltweit größten industriellen Produzenten aufgeschwungen. 1919 wurde mit der Gründung des Völkerbundes ein weiteres Zeichen für die internationale, globale Vernetzung der Nationalstaaten gesetzt. Auch wenn Europa nach dem 1. Weltkrieg seinerseits gegenüber den USA in ein Abhängigkeitsverhältnis geraten war, weil der Wiederaufbau zwar einerseits mit amerikanischen Krediten finanziert wurde, andererseits die USA sehr hohe Zölle auf europäische Importe festsetzten, so war dies gleichwohl eine Zeit, in der die industrielle Wertschöpfung den Industriestaaten auch sehr erkleckliche Steuereinnahmen bescherte. Insofern nimmt es nicht Wunder, dass sich die steuerlichen Verteilungsfragen zu dieser Zeit erstmals dringlicher stellten als in den Dekaden zuvor.

Ein allzu pauschales, nur einseitiges Nachgeben in internationalen Steuerfällen, d.h. die dauerhafte Aufgabe des Besteuerungsrechts an im Ausland erzielten Einkünften, hätte freilich dazu geführt, dass Staaten in pekuniärer Hinsicht schnell ins Hintertreffen geraten wären. Schon frühzeitig haben die Staaten daher begonnen, miteinander zweiseitige und in beide Richtungen wirkende Verträge zu schließen, um Doppelbesteuerungen für ihre Steuerbürger zu vermeiden oder jedenfalls zu vermindern.[50] Auf diese Doppelbesteuerungsabkommen werde ich im nächsten Kapitel noch zurückkommen. Das erste nachgewiesene DBA, das bereits die Grundstruktur der heute verwendeten Abkommen aufwies, war das innerstaatliche (deutsche) Abkommen zwischen Preußen und Sachsen aus dem Jahr 1870.[51] Es übernahm bereits in Ansätzen vorliegende Bestandteile von Verträgen des Norddeutschen Bundes und führte rund 20 Jahre später zum Abschluss des ersten originär zwischenstaatlichen Doppelbesteuerungsabkommens zwischen Preußen und Österreich-Ungarn.[52]

Diese Entwicklung nahm alsbald an Fahrt auf. Schnell wurden weitere Doppelbesteuerungsabkommen zwischen Österreich-Ungarn und deutschen Bundesstaaten geschlossen. Eine erste wirklich systematische Annäherung an das Phänomen der internationalen Doppelbesteuerung aber begann erst, als der Völkerbund im September 1921 ein mit Professoren aus den Niederlanden, den USA, Italien und Großbritannien besetztes Gremium beauftragte, ein umfassendes Gutachten über die Ursachen, die Erscheinungsformen und die Möglichkeiten der Vermeidung von internationalen Doppelbesteuerungen zu erstellen.

Das Gremium erstattete seinen Abschlussbericht im April 1923.[53] Er gliedert sich in drei Teile. Im ersten Teil werden die wirtschaftlichen Auswirkungen der Doppelbesteuerung behandelt, während im zweiten Teil allgemeine Grundsätze herausgearbeitet werden, die im internationalen Steuerwesen der damaligen Zeit vorherrschten. Dabei gingen die Berichterstatter ausdrücklich davon aus, dass das Leistungsfähigkeitsprinzip für die Besteuerung maßgeblich sei. Für die Aufteilung des Besteuerungsrechts auf zwei oder mehrere Staaten wurde als leitender Grundsatz der Grundsatz der wirtschaftlichen und interessanterweise gerade nicht der territorialen Zugehörigkeit vertreten. Im dritten Teil des Berichts wurden die möglichen Methoden zur Vermeidung von Doppelbesteuerungen erörtert. Die Berichterstatter unterschieden dabei bereits vier Methoden: Die Abzugsmethode für das aus dem Ausland herrührende Einkommen (das entspricht im Wesentlichen der heutigen Steueranrechnungsmethode), die Befreiungsmethode (das entspricht im Wesentlichen der heutigen Steuerfreistellungsmethode) für das in das Ausland transferierte Einkommen, sowie arrondierend die Methode der Steuerteilung und die Methode der Teilung nach Quellen (beides heute nicht mehr vertreten).

Der Bericht erweist sich damit insgesamt, auch gemessen an dem heutigen Verständnis und vor dem Hintergrund der geschichtlichen Entwicklung der vergangenen Dekaden, als erstaunlich aktuell und weitsichtig. Der Finanzausschuss des Völkerbundes beauftragte daraufhin leitende Finanzbeamte wiederum aus verschiedenen Staaten, das Problem der Doppelbesteuerung aus der ganz praktischen (und auch fiskalischen) Perspektive zu beleuchten. Die Arbeiten der Finanzbeamten führten schließlich zur Erarbeitung eines ersten Musterabkommens zur Vermeidung von Doppelbesteuerungen, welches bereits 1927 veröffentlicht wurde. Es hatte jedoch im Weiteren keinen nennenswerten Einfluss auf die ersten real abgeschlossenen Doppelbesteuerungsabkommen, weil die fiskalischen Tendenzen der Berichterstatter doch zu einseitig waren. Anders als zuvor die Professoren als Verfasser des Berichts wurden die Finanzbeamten nämlich von den teilnehmenden Staaten entsandt, was dazu führte, dass die Diskussion nicht mehr sachlich-nüchtern verlief, sondern die Staaten zunehmend versuchten, gleich zu Beginn ihre wirtschaftlichen Interessen einzubringen.

Gleichwohl waren in den vorgenannten Berichten bereits recht detailliert die Grundprobleme angesprochen, die sich teilweise noch bis in die heutige Zeit zeigen.[54] Das erste, naheliegende Problem ist die strukturelle wirtschaftliche Ungleichheit der Staaten. Industriestaaten einerseits und Entwicklungsländer andererseits (sowie mittendrin, je nach Definition, die sog. Schwellenländer) verfügen über grundlegend unterschiedliche Voraussetzungen, was wiederum ursächlich für die unterschiedlichen handelspolitischen Interessen ist, die dem Welthandel sein gegenwärtiges Erscheinungsbild geben. Entwicklungsländer exportieren, wenn überhaupt, in der Hauptsache Rohstoffe und technisch einfache, jedoch vergleichsweise arbeitsintensive Konsumgüter (z.B. Textilien, Spielzeug, etc.). Industriestaaten hingegen exportieren meist technisch anspruchsvolle Konsumgüter (z.B. Medikamente, Autos, Maschinen, etc.). Die meisten Industriestaaten sind daher auf Rohstoffimporte wiederum aus Entwicklungsländern angewiesen, während Letztere vorzugsweise Kapitalgüter importieren müssen, um ihre Produktion auf einen technisch akzeptablen Stand zu bringen. Damit einher geht es häufig, dass hier dem Arbeitsmarkt eine gut ausgebildete, akademische Mittel- und Oberschicht als Arbeitskräfte zur Verfügung stehen, politische, rechtliche und volkswirtschaftliche Stabilität gewährleistet ist und viele weitere Standortfaktoren als Attraktion hinzukommen, während dort oft das Gegenteil der Fall ist oder jedenfalls Nachholbedarf besteht.

Trotz dieser offensichtlichen Unterschiede bestehen aber auch Konvergenzen zwischen beiden Polen. Durch ausländische Direktinvestitionen, Exporte und Investitionen vor Ort sind Unternehmen der Industriestaaten über Tochtergesellschaften oder Betriebsstätten bereits vielfach in Entwicklungs- und Schwellenländern aktiv. Gerade deutsche Unternehmen leisten durch die Schaffung von Arbeitsplätzen, den Auf- und Ausbau von Infrastruktur sowie den Know-how- und Technologietransfer essenzielle Beiträge für die Weiterentwicklung vor Ort („Hilfe zur Selbsthilfe"). Inzwischen erkennen viele Meinungsbildner und Entscheider in der Industrie, dass eine aktive Rolle in einem Entwicklungs- oder Schwellenland Innovationspotenziale freisetzen und ihren Erfolg über Jahre sichern kann. Eine solch aktive Rolle wird daher beispielsweise häufig über eine entsprechende Kapitalzufuhr oder aber die Vergabe von Lizenzen (z.B. zum Vertrieb eines Wirtschaftsguts) abgebildet.

Gewissermaßen zwischen den Welten befinden sich die sog. Steueroasen, die es auch um 1920 herum schon gab.[55] Dabei handelt es sich um einen untechnischen, jedenfalls keinen juristisch-definitorischen Begriff für Staaten, die nur geringe oder keine Ertragsteuern erheben, und zwar entweder pauschal oder auch nur für bestimmte Wirtschaftszweige. Steueroasen sind sowohl in den Reihen der Ansässigkeits- als auch in den Reihen der Quellenstaaten anzutreffen. Sie sind so alt wie die Steuer selbst, und sie stehen oft in Konkurrenz zueinander. Wenn es jedoch in einem freien Wirtschaftsraum verschiedene Anbieter gibt, die letztlich ähnliche Produkte offerieren, senkt das normalerweise die Preise. Steueroasen versuchen, dieses Wettbewerbsproblem zu umschiffen. So ist zu beobachten, dass sich Steueroasen herausbilden, die mit besonderen Geschäftsmodellen werben, auf bestimmte Aktivitäten spezialisiert sind oder die sich auf Kunden aus bestimmten Ländern oder Ländergruppen konzentrieren. Ferner ist zu beobachten, dass die OECD und andere internationale Organisationen als Interessengruppen im Kampf gegen Steueroasen auftreten. Sie üben massiv politischen oder wirtschaftlichen Druck auf die Steueroasen aus und wirken darauf hin, dass die Steueroasen ihr Geschäftsmodell aufgeben oder anpassen. Nur wirtschaftlich starke Steueroasen können diesem Druck widerstehen. Prädestiniert als Steueroasen sind deshalb Staaten, die eine große souveräne Staatsmacht hinter sich wissen, und die sich mit ihrem Geschäft auf Kunden konzentrieren, die nicht in dem Gebiet der betreffenden Staatsmacht ansässig sind.

Dieser Befund leitet über zum zweiten, eben dadurch unmittelbar begründeten Problem, das sich in steuerlicher Hinsicht darin ausdrückt, dass Industriestaaten global betrachtet häufiger Ansässigkeitsstaaten sind als Entwicklungsländer, jedenfalls was prosperierende Unternehmen anbelangt. Typischerweise gibt es daher eine Vielzahl von Unternehmen, die in diesen Staaten der unbeschränkten Steuerpflicht unterliegen, was nach den oben erläuterten Grundsätzen eine Besteuerung nach dem Welteinkommensprinzip bedeutet. Entwicklungsländer hingegen sind klassisch meist Quellenstaaten, in denen viele Unternehmen aufgrund ihrer Investitionen nur der beschränkten Steuerpflicht unterliegen und die nicht selten in der Breite schlicht zu wenig Steuereinnahmen generieren.

Selbst wenn die Steuersätze in den Entwicklungsländern meist unterhalb der Steuersätze in den Industriestaaten liegen und die Unternehmen daher versucht sein sollten, möglichst viel Besteuerungssubstrat in den Niedrigsteuerstaat zu verlagern, so führt dies allein als Strategie solange nicht zum gewünschten Ziel, wie mit der Tätigkeit im Entwicklungsland keine höhere Wertschöpfung verbunden ist. Die von den Unternehmen in den Entwicklungsländern ausgeübten Tätigkeiten waren historisch häufig sog. Routinetätigkeiten. Routineunternehmen üben nur unwesentliche Funktionen aus (z. B. konzerninterne Dienstleistungen oder einfache Vertriebsfunktionen), besitzen keine wesentlichen Wirtschaftsgüter und tragen nur geringfügige Risiken. Der Gewinn, der diesen Unternehmen für steuerliche Zwecke zugerechnet werden kann, ist daher erheblich geringer, als wenn es sich bei dem betrachteten Unternehmen um einen sog. Strategieträger handeln würde. Ein Strategieträger tätigt die für den Konzernerfolg maßgebenden Funktionen, trägt die signifikanten Risiken und verfügt über die wesentlichen materiellen und immateriellen Wirtschaftsgüter (zentrales Unternehmen im Konzern). Beide Termini, Routineunternehmen und Strategieträger, sind Fachbegriffe aus dem Recht der Verrechnungspreise und dienen der Einordnung von Unternehmen in die wirtschaftliche Wertschöpfungskette. Strategieträger jedenfalls waren um 1920 herum in den klassischen Entwicklungsländern kaum anzutreffen. Steuerausfälle in den Entwicklungsländern waren darüber hinaus auf ein oft unvollkommenes Steuersystem, eine ineffiziente Steuerverwaltung und eine damit verbundene unzureichende Durchsetzung von Steueransprüchen zurückzuführen. Weiterhin bestand aufgrund einer potenziell hohen Schattenwirtschaft die Gefahr von damit einhergehenden Umsatz- und Einkommensteuerausfällen.

Während die Industrienationen schon in der Verteilungsdiskussion der 1920er Jahre, aber auch im Folgenden auf die klassischen Argumente für das Welteinkommensprinzip verwiesen (Nutzung der örtlichen Infrastruktur, Erschaffung werthaltiger immaterieller Wirtschaftsgüter, Nutzung des hochstehenden Arbeitsmarktes, etc.), begründeten die Entwicklungsländer weitere Begehrlichkeiten in Bezug auf die Verteilung der Besteuerungsansprüche regelmäßig mit der These, dass die Kapitalzufuhr bzw. Lizenzvergabe in ihren Wirtschaftsraum gewissermaßen zusätzliche Erträge darstellten, die ausschließlich auf den Markt des jeweiligen Entwicklungslandes zurückzuführen seien. Die Industrienationen wiederum wandten dagegen ein, dass in einer marktwirtschaftlichen Wirtschaftsordnung der Großteil der Erträge immer bei der Ausweitung bestehender Märkte bzw. bei der Erschließung neuer

Märkte erzielt werde. Dies gelte aber für alle Absatzmärkte und ändere nichts an der Tatsache, dass das Schwergewicht der Einkunfterzielung bei Einkünften aus Kapitalvermögen und Lizenzvergabe gewissermaßen stets beim „Produzenten" liege.

Vor diesem Hintergrund ist die Kernfrage einer jeden Verteilung von Besteuerungsrechten zwischen zwei Staaten diejenige, wie viele Quellenbesteuerungsrechte sich die Staaten gegenseitig gewähren möchten, denn eine gänzliche Aufgabe der Regeln zur unbeschränkten Steuerpflicht kommt ersichtlich von vornherein nicht in Betracht. Wenn ein Unternehmen in einem Staat ansässig ist (sei es aufgrund einer Registrierung, sei es aufgrund des Sitzes, sei es aufgrund eines ähnlichen, vergleichbaren Merkmals), so werden die meisten Staaten, die Ertragsteuern erheben, dieses Unternehmen einer Spielart der unbeschränkten Steuerpflicht unterwerfen. Hierüber besteht (und bestand) im Grundsatz Einigkeit. Anders sieht es in Bezug auf Quellenbesteuerungsrechte aus. Stehen sich etwa zwei Industrienationen gegenüber, die einander in Bezug auf die Wirtschaftsleistung und die Struktur der Wirtschaft vergleichbar sind, so werden die beteiligten Staaten meist gemeinsam das Interesse einer Begrenzung der Quellenbesteuerung verfolgen, sodass keines der beteiligten Länder unangemessen auf Steuereinnahmen verzichten muss. Bei den Entwicklungsländern ist dagegen recht grundsätzlich ein wirtschaftliches Ungleichgewicht zu deren Ungunsten zu verzeichnen. Durch den Importüberschuss dieser Länder würde eine wechselseitige Preisgabe der Quellenbesteuerungsrechte allein dem Industrieland, nicht aber dem Entwicklungsland Vorteile bringen, was gewissermaßen die Wurzel allen Übels bei der globalen Steuerverteilung befeuert: Das Interesse der Entwicklungsländer richtet sich auf eine möglichst weitgehende Aufrechterhaltung bzw. Ausweitung der Quellenbesteuerungsrechte, die Steuerpolitik der Industriestaaten dagegen auf deren möglichst weitgehende Reduzierung.

Dies vorausgeschickt, einigten sich die Staaten der Welt in den 1920er Jahren daher außenpolitisch einerseits bilateral, andererseits gewissermaßen stillschweigend durch faktisches Handeln bzw. Hinnehmen auf den Kompromiss, dass den Industrienationen bzw. Ansässigkeitsstaaten jedenfalls im Grundsatz das volle Besteuerungsrecht für internationale Steuersachverhalte belassen werden sollte, sofern sog. passive Einkünfte (d. h. Einkünfte ohne wertschöpfenden Charakter bzw. ohne echte wirtschaftliche Aktivität) im Quellenstaat gegeben waren. Hiervon sollte es auf Unternehmensebene lediglich zwei Ausnahmen geben, nämlich einerseits, wenn die Schwelle zur Begründung einer Betriebsstätte im Quellenstaat überschritten wurde, und andererseits, wenn Direktinvestitionen über Beteiligungen, die Kapitalvergabe oder die Gewährung von Lizenzen im Quellenstaat getätigt wurden, die eine gewisse Teilhabe am Marktgeschehen im Quellenstaat und damit sog. aktive Einkünfte bedeuteten. Insoweit sollte das Quellenbesteuerungsrecht allerdings eingeschränkt werden, indem dem Quellenstaat Grenzen für die Bestimmung des Steuersatzes aufgegeben werden sollten. Verkürzt lässt sich daher sagen: Die Ansässigkeitsstaaten sollten im Grundsatz die Ertragsteuern erheben dürfen, während den Quellenstaaten als Marktstaaten die Umsatzsteuer (sowie etwaige Zölle und weitere Einfuhrabgaben) zugewiesen werden sollte, die die in den Ansässigkeitsstaaten ansässigen Unternehmen für ihre Lieferungen und sonstigen Leistungen im Quellenstaat erheben und abführen müssen.

Diese Überlegungen mündeten dann im Folgenden in die Anstrengungen der OECD zur Entwicklung eines Musterabkommens zur Vermeidung von Doppelbesteuerungen, das im folgenden Kapitel erläutert wird und eine weltweite Erfolgsgeschichte werden sollte.

VI.

Erfolgsgeschichte Doppelbesteuerungs- abkommen

Wie schon oben ausgeführt, erkannte der Völkerbund bereits 1921 die Notwendigkeit bilateraler Maßnahmen zur Vermeidung von Doppelbesteuerungen. Die OECD schätzt, dass zu dieser Zeit zwischen den heute der OECD angehörenden Staaten bereits ca. 70 zweiseitige Abkommen bestanden.[56] Die vom Völkerbund geleisteten Vorarbeiten führten 1955 zu einer ersten Stellungnahme des Rates der Organisation für Europäische wirtschaftliche Zusammenarbeit (OEEC) und 1963 zur Vorlage des ersten „Musterabkommen[s] zur Vermeidung der Doppelbesteuerung des Einkommens und des Vermögens" durch den Steuerausschuss der OECD. Seitdem empfiehlt die OECD ihren Mitgliedstaaten, das Musterabkommen bei Abschluss und Revision bilateraler Abkommen zu berücksichtigen. 1977 schließlich wurde das Grundmuster des heute verwendeten Musterabkommens sowie des dieses kommentierenden Musterkommentars veröffentlicht (beides in englischer Sprache).

Seit etwa 1992 werden Musterabkommen und Musterkommentar fortlaufend (inzwischen im Zwei- oder Drei-Jahres-Rhythmus) überarbeitet und an internationale Entwicklungen angepasst, zuletzt 2017.[57] Die Überarbeitungen werden von der OECD in Loseblattform herausgegeben. Offizielle deutsche (oder anderssprachige) Übersetzungen sind seitens der OECD nicht erhältlich, worunter die Rechtssicherheit in der Praxis mangels Allgemeinverbindlichkeit durchaus erheblich leidet. Es existieren immerhin „private" Übersetzungen, sei es von Fachverlagen bzw. Fachvereinigungen oder auch von einzelnen Autoren.

Es gibt international weitere Musterabkommen, wie z. B. das Musterabkommen der sog. Anden-Gruppe oder das Musterabkommen der Vereinten Nationen. Die USA legen ihren Abkommensverhandlungen meist ein eigenes Modell zugrunde, das zwar im Aufbau kaum vom Musterabkommen abweicht, jedoch inhaltlich die Interessen der USA als typischem Ansässigkeitsstaat begünstigt (beispielsweise durch die Verwendung der Steueranrechnungsmethode mit der Folge einer Hochschleusung der Steuerbelastung auf das Niveau des Ansässigkeitsstaates) und die Besonderheiten eines Welteinkommensprinzips auf Basis der Staatsangehörigkeit reflektiert. Ganz allgemein lässt sich ohnehin sagen, dass sich die verschiedenen Modelle schon in ihrer grundsätzlichen Ausrichtung unterscheiden. Während die in der OECD vereinten Industriestaaten als Ansässigkeitsstaaten auf eine Ausdehnung der Besteuerung nach der Ansässigkeit und damit nach dem Wohnsitzstaatsprinzip drängen, plädieren Entwicklungsländer und andere typische Quellenstaaten für ein uneingeschränktes Quellensteuerrecht. Welches Abkommen konkret verwendet wird, ist jedoch naturgemäß immer eine Frage der (außenpolitischen) Verhandlungsmacht im konkreten Einzelfall.

Ungeachtet des Vorstehenden war es überraschend, dass vor einigen Jahren plötzlich auch die Bundesrepublik Deutschland ein eigenes Abkommensmuster vorgelegt hat. Am 18.4.2013 hat das Bundesministerium der Finanzen unter Beteiligung hochrangiger Fachvertreter aus Wissenschaft und Praxis in Berlin die Neue Deutsche Verhandlungsgrundlage[58] für künftige DBA vorgestellt. Es darf indes bezweifelt werden, ob dies ein „großer Wurf" geworden ist. Im Gegenteil fällt auf, dass sich die Änderungen gegenüber dem Musterabkommen, das die Bundesrepublik bislang als Vorlage nutzte, in Grenzen halten. Erst die künftigen DBA-Verhandlungen Deutschlands werden erweisen, ob sich auf Basis der Verhandlungsgrundlage wirklich substanzielle Änderungen gegenüber dem Musterabkommen durchsetzen lassen. Die jüngeren Abkommen lassen aber eine Tendenz in diese Richtung durchaus erkennen.

Mit dem Musterabkommen war die OECD bemüht, ein Vertragsmuster zu schaffen, anhand dessen die Mitgliedstaaten gleiche Fälle der Doppelbesteuerung systematisch in derselben Weise regeln können, was den internationalen Entscheidungseinklang befördert und mehr Sicherheit in der Rechtsanwendung schafft. Entsprechend hat auch die Bundesrepublik Deutschland mit gegenwärtig bald 100 ausländischen Staaten (darunter alle wichtigen Handelspartner) DBA abgeschlossen. Eine aktualisierte Übersicht über den Stand der DBA wird vom BMF meist Anfang eines jeden Jahres im Bundessteuerblatt Teil I veröffentlicht.[59] Weitere Abkommen befinden sich ständig in Planung oder in (häufig langwieriger) Neuverhandlung. Kündigungen von DBA kommen hingegen fast nicht vor. Die letzte Kündigung, die die Bundesrepublik Deutschland ausgesprochen hat, war die Kündigung des DBA mit Brasilien im Jahr 2005. Dem Vernehmen nach waren die steuerlichen

Begehrlichkeiten Brasiliens, die dem Aufstieg des Landes vom Entwicklungs- zum Schwellenland nachfolgten, aus der Sicht der deutschen Verhandlungsdelegation indiskutabel.

Die meisten Abkommen existieren – auch international betrachtet – auf dem Gebiet der Steuern vom Einkommen und Vermögen, nur wenige hingegen auf dem Gebiet der Erbschaft- und Schenkungsteuern. Diesbezüglich hat die OECD ein gesondertes Musterabkommen veröffentlicht. Sonderfälle bilden ferner die Abkommen betreffend Einkünfte und Vermögen von Schifffahrt- und Luftfahrt-Unternehmen sowie auf dem Gebiet der Kraftfahrzeugsteuer. Daneben gibt es multilaterale Übereinkommen, die die Verteilung von Besteuerungsrechten oder einzelne Steuerbefreiungen zum Gegenstand haben, für Einzelfälle (z. B. NATO-Truppenstatut) in durchaus nennenswerter Zahl. Multilaterale Abkommen, die auf die Beseitigung von Doppelbesteuerung abzielen und bei denen mehr als zwei Staaten gleichzeitig Vertragspartner sind, bilden hingegen die Ausnahme. Ein Beispiel ist das „Nordische Übereinkommen" zwischen Dänemark, Norwegen, Finnland und Island vom 16.1.1984.

Wie bereits erwähnt, orientieren sich die von der Bundesrepublik Deutschland abgeschlossenen Abkommen sowie die meisten von den Mitgliedstaaten der OECD abgeschlossenen Abkommen nahezu ausnahmslos an dem Vertragstext von Musterabkommen und Musterkommentar. Das Musterabkommen ist für die Mitgliedstaaten der OECD nicht bindend, sondern es handelt sich lediglich um einen unverbindlichen Vorschlag ohne Rechtsnormcharakter, von dem jedoch eine nicht zu unterschätzende faktische Kraft ausgeht (abkommenspolitische Empfehlung des OECD-Rates). Dies gilt insbesondere, seit der Steuerausschuss der OECD zunehmend in einen Dialog auch mit Nicht-Mitgliedstaaten der OECD eingetreten ist. Insgesamt wird man sagen müssen, dass dem Musterabkommen und dem Musterkommentar – ungeachtet der neuen deutschen Verhandlungsgrundlage für DBA – eine ganz erhebliche Bedeutung für die Abkommenspraxis auch der Bundesrepublik Deutschland zukommt, auch wenn viele – auch deutsche – DBA im Detail in Wortlaut und Umfang vom Musterabkommen abweichen.

Der Musterkommentar erläutert hierbei flankierend die Sichtweise der OECD zu den einzelnen Abkommensvorschriften und ist damit eine wichtige Auslegungshilfe, der indes ebenfalls keine Bindungswirkung zukommt. Er dient gleichwohl als international anerkanntes Instrument zur Harmonisierung der Auslegung von DBA und trägt damit zur Konsensbildung (Herstellung eines Entscheidungseinklangs) bei. Zudem enthält der Musterkommentar – ebenso wie manche bei Vertragsschluss angefertigte Zusatzprotokolle oder Notenwechsel im bilateralen Verhältnis – Erläuterungen, Bemerkungen und Vorbehalte einzelner OECD-Mitgliedsstaaten hinsichtlich bestimmter Vorschriften, die in den DBA übrigens Artikel (und nicht Paragrafen) heißen. Nach einer Empfehlung des Rates der OECD sollen die Mitgliedstaaten nämlich grundsätzlich das Musterabkommen bei ihren Abkommensverhandlungen zugrunde legen, wenn sie keine Vorbehalte gegenüber dem Mustertext erklärt haben. Der Musterkommentar stellt sich damit als begrüßenswerter Indikator für die Rechtspraxis der Mitgliedstaaten (und auch der Nicht-Mitgliedstaaten) dar. Als Auslegungshilfe im Einzelfall dienen ferner Denkschriften und sonstige Materialien zu den DBA. Bei nachträglichem (mitunter Jahrzehnte nach Abschluss des DBA entstehenden) Änderungsbedarf werden erzielte Übereinkünfte zweier Staaten über das geänderte Normverständnis jedenfalls für die Bundesrepublik Deutschland zunehmend in BMF-Schreiben kundgetan. Eine diesbezügliche Recherche ist daher für die Rechtsanwendung unerlässlich.

DBA erfüllen, wie oben bereits angedeutet, volkswirtschaftlich wichtige Funktionen. Es liegt – ungeachtet der Preisgabe des Besteuerungsrechts im Einzelfall – im übergeordneten nationalen Interesse, dass bei außenwirtschaftlich gewünschten Auslandsaktivitäten eine Kumulation steuerlicher Belastungen vermieden wird, denn letztlich muss z.B. bei der konsequenten Anwendung des Wohnsitzstaatsprinzips kein Staat einseitig auf Steuereinnahmen verzichten. Gerade für die Bundesrepublik Deutschland ist es aufgrund ihrer exportorientierten Volkswirtschaft, der hohen Auslandsinvestitionsquote und der Auslandsaktivitäten deutscher Unternehmen wichtig, wettbewerbsverzerrende Einflüsse internationaler Doppelbesteuerung zu verhindern. Die Konkurrenzfähigkeit bestimmter Branchen, die auf Auslandsmärkten tätig sind (wie z.B. der deutsche Anlagen- oder Autobau), ist in besonderem Maße von einem funktionierenden DBA-Netz abhängig. So ist die Dichte dieses Netzes beispielsweise ein in der Praxis entscheidender Faktor bei der Wahl eines Holdingstandortes oder eines Standortes für Auslandstochtergesellschaften.

Neben die genannten Primäraufgaben der DBA sind in den vergangenen Jahren zunehmend die Funktion der Bekämpfung internationaler Steuerumgehungen und unerwünschter Gestaltungen sowie die Funktion der Durchsetzung der Effektivität der Steuerrechtsordnungen getreten. Die Aggressivität der internationalen Steuerplanung nimmt – bedingt durch den weltweiten Wettbewerb – zu. Ihre wesentlichen Ziele sind in Bezug auf Konzerne die weitgehende Gestaltbarkeit der Steuerbelastung und die Minimierung ihrer weltweiten Steuerlastquote. Obwohl die primäre Aufgabe der DBA eigentlich nicht darin besteht, gewinnt das Ziel immer mehr an Bedeutung, durch Abkommen auch den Missbrauch steuerlicher Regelungen zu verhindern und Besteuerungslücken zu schließen, die sich aus den Unterschieden in den nationalen Rechtssystemen ergeben. Darüber hinaus geben DBA den Steuerpflichtigen eine bei der internationalen Steuerplanung nicht zu unterschätzende Rechtssicherheit und werden zunehmend für allgemeine wirtschaftspolitische Zwecke instrumentalisiert.

Das Doppelbesteuerungsabkommen bindet die beteiligten Staaten als Vertragsparteien und verpflichtet sie, die in dem Abkommen getroffenen Regelungen in nationales Recht umzusetzen. Dies geschieht in Deutschland über ein sog. Transformationsgesetz, das in der Regel am Tag nach seiner Verkündung in Kraft tritt. Erst nach Umsetzung in nationales Recht kann auch der Steuerpflichtige aus dem DBA Ansprüche herleiten und diese ggf. mit gerichtlicher Hilfe durchsetzen, wenn die Finanzverwaltung einen Sachverhalt aus seiner Sicht abkommenswidrig besteuern möchte. In anderen Staaten allerdings wird dies laxer gehandhabt – dort ist das DBA zuweilen bereits mit Unterschrift anzuwenden.

Das Zustandekommen eines völkerrechtlichen Vertrags und damit eines DBA vollzieht sich in mehreren Stufen. Es ist die staatsrechtliche Kompetenzordnung zu beachten (in Deutschland gilt somit Artikel 59 Absatz 2 des Grundgesetzes). Im Bereich der Steuern vom Ertrag und vom Vermögen liegt die Gesetzgebungskompetenz beim Bund, das Abkommen bedarf jedoch der Zustimmung sowohl des Bundestags als auch des Bundesrats, da den Ländern hinsichtlich dieser Steuern die Ertragshoheit ganz oder teilweise zusteht.

Für den Abschluss eines völkerrechtlichen Vertrags sind zudem die Regelungen der Wiener Vertragsrechtskonvention[60] zu beachten. Daraus ergeben sich (aus deutscher Sicht) die folgenden Phasen der Vertragsverhandlungen: Zunächst werden von Unterhändlern (typischerweise Beamte des Bundesfinanzministeriums unter Beteiligung des Auswärtigen Amts) mit Vertretungsvollmacht des Bundespräsidenten Vertragsverhandlungen geführt. Erst- und auch Neuverhandlungen von DBA können unter Umständen Jahre andauern, weil keiner der beteiligten Staaten ohne Not Besteuerungssubstrat preisgeben möchte. Sobald ein Abkommensentwurf vorliegt, wird dieser paraphiert, indem die jeweiligen Leiter der Verhandlungskommissionen der beteiligten Staaten ihre Namenszeichen unter den ausgehandelten Vertragstext setzen und ihn dadurch als authentisch festlegen. Sodann erfolgt die Unterzeichnung des Abkommens durch einen Bevollmächtigten des Bundespräsidenten, und das Abkommen wird durch ein Zustimmungsgesetz (Artikel 59 Absatz 2 des Grundgesetzes) in nationales Recht transformiert. Den Abschluss des Verfahrens bilden die Ratifikation durch den Bundespräsidenten und der Austausch der Ratifikationsurkunden.

Nach der Umsetzung in nationales deutsches Recht hat das DBA den Rang des Transformationsgesetzes. Es steht daher gleichberechtigt als einfaches Bundesrecht neben den Einzelsteuergesetzen (z. B. dem Einkommensteuergesetz oder dem Körperschaftsteuergesetz), und zwischen gleichrangigen Rechtsnormen gelten in Deutschland zwei Grundregeln, die schon im römischen Recht Geltung hatten: Erstens geht die speziellere Regelung einer allgemeineren Regelung vor, und zweitens geht das zeitlich jüngere Gesetz dem zeitlich älteren Gesetz vor. Dies ist auch der Grund, warum auch ein „Überschreiben des Abkommens", ein sog. treaty override, zulässig ist. Hierbei handelt es sich um eine Situation, in der ein Staat mit dem in einem DBA vereinbarten Inhalt (aus welchen Gründen auch immer) nicht einverstanden ist. Dieser Staat könnte sodann in sein nationales Steuerrecht eine Rechtsnorm einfügen, die den Inhalt des DBA in bestimmter Hinsicht ändert. Rechtlich gesprochen verletzt dieser Vertragsstaat einseitig die in einem DBA getroffenen Vereinbarungen und ordnet in einer einfachgesetzlichen Steuerrechtsnorm eine andere Besteuerungsfolge an, als es das DBA vorsieht. In der Regel bedeutet dies eine vom DBA abweichende Beanspruchung des Besteuerungsrechts, was nicht selten zu Doppelbesteuerungen führen kann.

Die Bundesrepublik Deutschland hat verhältnismäßig häufig von der Möglichkeit des Überschreibens von Doppelbesteuerungsabkommen Gebrauch gemacht und dieser Zustand, der der Verlässlichkeit der Bundesrepublik Deutschland als Vertragspartner in der internationalen Staatengemeinschaft durchaus Schaden zufügen kann, wird wohl auch weiter anhalten, zumal das Bundesverfassungsgericht diese Praxis als mit dem

Grundgesetz rechtlich vereinbar angesehen hat.[61] Der treaty override wird in der Regel angekündigt mit den Worten „ungeachtet des Abkommens" bzw. es wird angeordnet, dass die den treaty override enthaltenden Normen „durch die Abkommen zur Vermeidung der Doppelbesteuerung nicht berührt werden".[62] Die Verletzung des Abkommens zeitigt gegenüber dem Steuerpflichtigen (also im Innenverhältnis) keine Wirkungen, d. h. das nationale und damit das abkommensverletzende Gesetzesrecht ist ihm gegenüber wirksam. Im Außenverhältnis hingegen, also im Verhältnis zum anderen Staat, verletzt der das Abkommen negierende Staat den völkerrechtlichen, ebenfalls bereits dem römischen Recht entspringenden Grundsatz „pacta sunt servanda" (Verträge sind einzuhalten), ohne dass dies in der Praxis bisher einmal deutliche Sanktionen nach sich gezogen hätte.

Was nun die konkreten Wirkungen eines Doppelbesteuerungsabkommens im Verhältnis zwischen Staat und Bürger anbelangt, so muss man Folgendes sehen: Mit der Besteuerung seiner Bürger zur Erzielung von Einnahmen nimmt jeder Staat originär hoheitliche Aufgaben wahr. Da es aufgrund des völkerrechtlichen Souveränitätsprinzips einem ausländischen Staat nicht gestattet ist, im Inland hoheitlich tätig zu werden und der Steuerpflichtige auch nicht als Vertragspartei an dem Zustandekommen von DBA mitwirkt, ist es unmittelbar einsichtig, dass sich aus DBA im Verhältnis zum Steuerpflichtigen keine materiellen Besteuerungsfolgen ableiten lassen: Ein konkreter Besteuerungsanspruch wird durch DBA ebenfalls nicht begründet, vielmehr werden nur bereits nach nationalem Recht der Vertragsstaaten bestehende Besteuerungsansprüche zwischen diesen Vertragsstaaten verteilt (Abkommensvorschriften als Verteilungsnormen). Das DBA wirkt lediglich als Schranke innerstaatlichen Rechts, weil jeweils einer der Vertragsstaaten für bestimmte Einkünfte sein nach dem nationalen Recht gegebenes Besteuerungsrecht gegenüber dem anderen Staat zurücknimmt (Abkommensvorschriften als Schranken- oder Begrenzungsnormen).

Das OECD-Musterabkommen von 1977 (und seine Fortschreibung bis zur letzten Revision bislang in 2017) nimmt nun in seinen Regelungen den am Ende des vorherigen Kapitels beschriebenen Kompromiss aus den 1920er Jahren zwischen den Staaten der Welt inhaltlich auf. Abhängig von der Art der Einkünfte sieht das Musterabkommen entsprechend drei verschiedene Methoden zur Verteilung der Besteuerungsrechte vor, die sich in drei Fallgruppen wie folgt systematisieren lassen:

1. Die Besteuerung bestimmter Einkünfte im Quellenstaat ohne jede Einschränkung,

2. die Besteuerung bestimmter Einkünfte im Quellenstaat unter Begrenzung der Höhe der Besteuerung oder

3. der völlige Ausschluss der Besteuerung bestimmter Einkünfte im Quellenstaat oder im Ansässigkeitsstaat.

Die Entwicklungsländer plädieren dabei naturgemäß für eine möglichst ausgedehnte Verteilung der Besteuerungsrechte nach der 1. Fallgruppe und würden es hierbei idealerweise ausschließlich den Ansässigkeitsstaaten überlassen, ob und wie sie ggf. eine eintretende Doppelbesteuerung vermeiden wollen. Denn wenn dem Quellenstaat nach einer abkommensrechtlichen Verteilungsnorm ein uneingeschränktes Besteuerungsrecht zukommt, wirkt sich jede Methode zur Vermeidung der Doppelbesteuerung zwangsläufig allein zulasten des Steueraufkommens des Ansässigkeitsstaats aus.

Umgekehrt ist zu bedenken, dass die Industrienationen die Quellenbesteuerung aus ihrer Sicht möglichst ausschließen (3. Fallgruppe), jedenfalls aber in der Höhe begrenzen wollen (2. Fallgruppe), weil sich für jede verdiente Geldeinheit, die im Quellenstaat nicht der Besteuerung unterliegt, die Frage der Vermeidung der Doppelbesteuerung von vornherein nicht stellt. Damit einhergeht, dass ein gänzlicher Ausschluss des Besteuerungsrechts der Ansässigkeitsstaaten (ebenfalls 3. Fallgruppe) dabei nur äußerst selten zur Anwendung kommt. Insgesamt betrachtet werden die Ansässigkeits- und damit meist die Industriestaaten nach dem OECD-Musterabkommen tendenziell bevorzugt.

Überblicksartig hat das Musterabkommen die Verteilung der Besteuerungsrechte zwischen den Vertragsstaaten wie folgt geregelt:

Die Besteuerung von Einkünften aus unbeweglichem Vermögen (insbesondere aus Vermietung und Verpachtung) erfolgt nach Artikel 6 OECD-Musterabkommen in dem Vertragsstaat, in dem das Vermögen belegen ist. In den meisten deutschen DBA ist für diese Einkünfte die Freistellungsmethode vereinbart.

Für den wichtigen Bereich der Unternehmensgewinne gilt Artikel 7 OECD-Musterabkommen. Unternehmensgewinne werden grundsätzlich nur im Ansässigkeitsstaat des Unternehmens besteuert. Übt das

Unternehmen seine Geschäftstätigkeit im Quellenstaat hingegen im Rahmen einer Betriebsstätte aus und können die Gewinne der Betriebsstätte ihrer Veranlassung nach eindeutig zugerechnet werden, so erhält auch der Quellenstaat das Besteuerungsrecht an dem Betriebsstättengewinn. Nach den meisten deutschen Abkommen gilt für diese Betriebsstättengewinne ebenfalls die Freistellungsmethode, während der restliche Gewinn des Stammhauses im Ansässigkeitsstaat des Unternehmens zu besteuern ist. Die Betriebsstätte ist damit – jedenfalls bislang – für den Bereich der Unternehmensgewinne bzw. gewerblichen Einkünfte von Unternehmen jeder Rechtsform die Schwelle zum Eintritt in die Besteuerung in einem bestimmten Staat. Was unter einer Betriebsstätte zu verstehen ist, wurde bereits im 2. Kapitel erläutert, und ohne „Betriebsstätte keine Besteuerung", so lautete der über viele Jahrzehnte allseits akzeptierte Grundsatz.

Damit war den Entwicklungs- und Schwellenländern für viele Bereiche der Wirtschaft das Besteuerungsrecht lange Zeit verwehrt. Bau- und Montagetätigkeiten qualifizieren zwar unter bestimmten Voraussetzungen als Betriebsstätten, und derlei Tätigkeiten werden auch allenthalben von in den Industriestaaten ansässigen Unternehmen in den Entwicklungsländern vorgenommen. Für reine Vertriebstätigkeiten durch entsandte Mitarbeiter oder insgesamt den wichtigen Bereich der kaufmännischen oder technischen Dienstleistungen aber haben die Entwicklungs- und Schwellenländer mangels Betriebsstätte nach dem Musterabkommen kein Besteuerungsrecht. Ein Gleiches gilt natürlich erst recht für sämtliche Tätigkeiten, die auf digitale Leistungen oder Anwendungen zurückzuführen sind.

Viele Staaten, v.a. in Asien und Afrika, haben daher bereits in den letzten 10–15 Jahren begonnen, die Schwelle zur Betriebsstätte einseitig immer weiter herabzusetzen und so ihre Regeln zur beschränkten Steuerpflicht sachlich auszudehnen. Hierbei wird rechtstechnisch insbesondere auf das Kriterium der „festen Geschäftseinrichtung" in einem Staat verzichtet, was in der Fachliteratur unter dem Stichwort „Dienstleistungsbetriebsstätte" diskutiert wird. In manchen Staaten (z.B. in Indien) werden deshalb Unternehmen aus den Industriestaaten beschränkt steuerpflichtig, auch wenn sie ohne jeden örtlichen fixen Anknüpfungspunkt vor Ort technische Dienstleistungen durch Mitarbeiter erbringen lassen. Auch war vielen Staaten ein Dorn im Auge, dass Unternehmen Mitarbeiter in Entwicklungs- und Schwellenländer entsenden, ohne diese mit einer Vertragsabschlussvollmacht auszustatten. Dies vermeidet nach dem Musterabkommen einen sog. ständigen Vertreter, der wie eine Betriebsstätte behandelt wird und eigentlich zu einem Besteuerungsrecht des Quellenstaats führen soll. Wenn diese Mitarbeiter dann vor Ort im Quellenstaat „wertvolle" Vertragswerke maßgeblich verhandeln, die reine Unterschrift aber im Ansässigkeitsstaat geleistet wird, wird es von diesen Staaten als unfair empfunden, die Gewinne mangels einer Betriebsstätte (eines ständigen Vertreters) allein im Ansässigkeitsstaat besteuert zu sehen. Die Tendenz vieler Staaten ging daher schon in den letzten Jahren dahin, auf das Kriterium der Vollmacht zu verzichten.

Artikel 8 OECD-Musterabkommen enthält ebenfalls ein klares Bekenntnis zugunsten derjenigen Ansässigkeitsstaaten, in denen Schifffahrt- und Luftfahrtunternehmen beheimatet sind. Bei diesen Unternehmen erhält der Staat das alleinige Besteuerungsrecht, in dem sich der Ort der Geschäftsleitung des Unternehmens befindet. Hintergrund der relativ einfach zu handhabenden Regelung ist es, dass die Besteuerungsrechte nicht zersplittert und zwischen einer Vielzahl von Staaten aufzuteilen sind. Anderenfalls könnte z. B. bei einem Kreuzfahrtschiff jeder Staat, durch dessen Hoheitsgewässer das Schiff fährt, anteilig einen Gewinn aus dem Betrieb des Kreuzfahrtschiffes besteuern, was kaum sinnvoll erscheint.

Für Dividenden, Zinsen und Lizenzgebühren (Artikel 10–12 OECD-Musterabkommen) ist im Grundsatz ein Besteuerungsrecht des Ansässigkeitsstaats vorgesehen. Der Quellenstaat erhält jedoch bei Dividenden und Zinsen (und in der Praxis abweichend vom Musterabkommen häufig auch bei Lizenzgebühren) ein in der Höhe beschränktes Quellenbesteuerungsrecht. Sofern sowohl der Ansässigkeitsstaat als auch der Quellenstaat ein Besteuerungsrecht zugewiesen bekommen, rechnet der Ansässigkeitsstaat die im Quellenstaat erhobene Steuer unter bestimmten Voraussetzungen an.

Für die in der Praxis so wichtigen Einkünfte von Arbeitnehmern gilt eine differenzierte Regelung. Die Doppelbesteuerungsabkommen regeln die Besteuerung in der Regel nach dem sog. Tätigkeitsortprinzip, d. h. das Besteuerungsrecht hat der Staat, in dem der Arbeitnehmer seine Tätigkeit jeweils (mit physischer Präsenz) ausübt. Soweit diese Tätigkeit im Wohnsitzstaat des Arbeitnehmers ausgeübt wird, hat der Wohnsitzstaat das Besteuerungsrecht, während die Tätigkeit im Ansässigkeitsstaat des

Arbeitgebers dort besteuert wird. Das ausschließliche Besteuerungsrecht hat aber grundsätzlich der Wohnsitzstaat des Arbeitnehmers, wenn sich der Arbeitnehmer im anderen Staat insgesamt nicht länger als 183 Tage innerhalb eines Zeitraums von zwölf Monaten, der während des betreffenden Steuerjahres beginnt oder endet, aufhält und die Vergütungen von einem Arbeitgeber oder für einen Arbeitgeber gezahlt werden, der nicht im anderen Staat ansässig ist, und die Vergütungen nicht von einer Betriebstätte getragen werden, die der Arbeitgeber im anderen Staat hat.

Im Musterabkommen sind noch weitere Einkunftsarten geregelt (z. B. Einkünfte von Künstlern und Sportlern, von Studenten, Gehälter aus dem öffentlichen Dienst oder Ruhegehälter), die nach ähnlichen Kriterien zwischen den Vertragsstaaten verteilt worden sind. Für alle in dem Abkommen nicht geregelten Einkünfte sieht Artikel 21 OECD-Musterabkommen ein alleiniges Besteuerungsrecht des Ansässigkeitsstaates vor.

VII.

Steuerflucht – Steuervermeidung – Steuerhinterziehung

Die in diesem Zusammenhang oft verwendeten Begrifflichkeiten sind verworren – sie werden in der (auch seriösen) Presse selten zutreffend verwendet, was wohl auch teilweise an der emotionalen Aufladung des Themas liegt. Selbst unter Fachleuten besteht nicht immer Einigkeit. Man spricht von Steuerplanung, Steuervermeidung, Steuerumgehung, Steuerhinterziehung, steuerlichem Missbrauch, Steuerbetrug, Steuerflucht, Steuerwettbewerb – die Grenzen sind hier zum Teil in der Tat fließend und ohne tiefergehendes steuerliches Hintergrundwissen kaum trennscharf zu erläutern. In einen „Steuerwettbewerb" etwa können nur Staaten, nicht aber Steuerpflichtige eintreten. „Steuerflucht" ist gar kein Fachbegriff, den „Steuerbetrug" gibt es nicht, und falls doch, wäre er wohl am ehesten deckungsgleich mit der Steuerhinterziehung, die als Straftatbestand in § 370 der Abgabenordnung normiert ist.

Meines Erachtens ist für das Grundverständnis eine kategoriale Dreiteilung völlig ausreichend, um das Phänomen zu beschreiben, um das es hier geht. Ich versuche das mal wie folgt: Wir haben einerseits Unternehmen, die ein „normales" Steuerverhalten an den Tag legen. Damit meine ich, dass sie die geltenden Steuergesetze in allen betroffenen Staaten einhalten. Hierzu gehört jedenfalls für die Bundesrepublik Deutschland aber richtigerweise auch, dass die Privatpersonen und Unternehmen die Steuergesetze auf Basis ihres Geschäftsmodells zu ihrem Vorteil ausnutzen dürfen. Der Bundesfinanzhof hat, wie oben schon in der Einleitung angesprochen, unmissverständlich ausgeführt: „Kein Steuerpflichtiger ist verpflichtet, den Sachverhalt so zu gestalten, dass ein Steueranspruch entsteht. Vielmehr steht es ihm frei, die Steuer zu vermeiden und eine Gestaltung zu wählen, die eine geringere Steuerbelastung nach sich zieht. Eine sog. Steuervermeidung bleibt folgenlos."[63] Normales Steuerverhalten, wozu also auch die gänzliche Steuervermeidung oder jedenfalls abgestuft darunter die Steueroptimierung rechnet, ist damit die erste Kategorie, an der sich Unternehmen messen lassen müssen. Wer in diese Kategorie fällt, tut nichts Illegales, tut nichts strafrechtlich Relevantes und muss auch nicht fürchten, dass die Steuerfahndung einen Besuch abstattet.

Die zweite Kategorie, gewissermaßen der Gegenpol, ist die Steuerhinterziehung. Sie ist, jedenfalls in Deutschland (bei weitem aber nicht in allen Ländern), unter Strafe gestellt und damit ohne Weiteres illegal. Steuerhinterziehung setzt im Hauptfall voraus, dass eine sog. Steuerverkürzung eingetreten ist, d. h. es müssen Steuern nicht oder nicht in zutreffender Höhe festgesetzt worden sein oder es muss eine unberechtigte Steuererstattung vorliegen. Die Fälle der Steuerhinterziehung sind meist eindeutig zu erkennen, wenn erst einmal alle Fakten auf dem Tisch liegen. Zwingend ist das allerdings nicht, wie gegenwärtig die Aufarbeitung des mutmaßlich größten „Steuerraubs"[64] der deutschen Geschichte in den sog. Cum-Ex-Fällen zeigt, in denen es um Steuerhinterziehung in Form einer mehrfachen Kapitalertragsteuererstattung geht. Steuerpflichtige, Banken und Rechts- und Steuerberater haben prächtig daran verdient, und sie bewegten sich jedenfalls in einer steuerlichen und strafrechtlichen Grauzone. Ob am Ende ein Straftatbestand erfüllt war, werden jetzt die Obergerichte entscheiden müssen und wird angesichts der vielen Spielarten und Abwandlungen dieser steuerlichen Tricksereien immer im Einzelfall zu betrachten sein, aber das kolportierte Volumen der möglichen Hinterziehung nimmt mit über 30 Mrd. Euro (das sind immerhin fast 5 % des jährlichen Steueraufkommens der Bundesrepublik Deutschland insgesamt) immense Ausmaße an. Diese Fälle sind allerdings so gravierend, dass kein vernünftiger Zweifel an der Strafbarkeit aufkommen kann und auch von vornherein nicht hätte aufkommen dürfen. Die ersten angeklagten Fälle hat jedenfalls die 12. Strafkammer des Bonner Landgerichts bereits als ohne Weiteres illegal und strafbewehrt eingeordnet.[65]

Die dritte Kategorie des Steuerverhaltens ist die Kategorie der Steuerumgehung. Sie ist die schwierigste und zugleich streitbefangenste Kategorie. Das fängt schon begrifflich an, wenn der Bundesfinanzhof im oben genannten Beschluss ausführt: „Steuerumgehung ist die durch den Missbrauch qualifizierte Steuervermeidung." Worum geht es beim steuerlichen Missbrauch? Es gibt im deutschen Gesetz, aber auch in den Steuergesetzen vieler anderer Staaten sog. Missbrauchsvermeidungsvorschriften. Diese können allgemeiner Natur und damit als – wie man juristisch sagt – Generalklausel formuliert sein, sie können aber auch nur spezielle Sachverhalte abdecken. Die allgemeine Missbrauchsvorschrift ist in Deutschland in § 42 der Abgabenordnung normiert. Dort heißt es:

„Ein Missbrauch liegt vor, wenn eine unangemessene rechtliche Gestaltung gewählt wird, die beim Steuerpflichtigen oder einem Dritten im Vergleich zu einer angemessenen Gestaltung zu einem gesetzlich nicht vorgesehenen Steuervorteil führt. Dies gilt nicht, wenn der Steuerpflichtige für die gewählte Gestaltung außersteuerliche Gründe nachweist, die nach dem Gesamtbild der Verhältnisse beachtlich sind."

Diese sehr weite Formulierung, die auch erst vor einigen Jahren in das Gesetz Eingang gefunden hat, hat in der Praxis dazu geführt, dass sich die Rechtsprechung der Vorschrift nur anhand von Fallgruppen nähern konnte. Ob ein Missbrauch vorliegt oder nicht, wird daher immer im Einzelfall entschieden. Auch die Ergebnisse des Bundesfinanzhofs sind in diesem Zusammenhang nicht immer vorhersehbar – letztlich ist es immer eine Wertungsfrage unter besonderer Beachtung der Systematik des Gesetzes. Jedenfalls gilt für den Missbrauch: Er ist rechtlich unzulässig. Die Folge ist, dass der Sachverhalt so besteuert wird, wie er ohne die missbräuchliche Gestaltung besteuert worden wäre. Er ist aber nicht strafbar, sofern die Beteiligten alle Tatsachen gegenüber dem Finanzamt offengelegt haben.

Steuerhinterziehung galt lange Jahre als Kavaliersdelikt. Dies steht allerdings in keiner Relation zu dem volkswirtschaftlichen Schaden, der dadurch angerichtet wird. Die Verniedlichung ist also unangemessen. Auch wenn es letztlich ein Versuch ist, das Unmessbare zu messen, so gehen Expertenschätzungen doch davon aus, dass der Schaden, der jährlich in Deutschland verursacht wird, im Bereich von über 100 Mrd. Euro zu verorten ist.[66]

Was sind die Gründe für Steuerhinterziehung? Wirtschaftspsychologen haben sich lange mit dieser Frage beschäftigt und sie zumindest näherungsweise beantwortet.[67] Da wären zum einen die negativen Vorbilder, insbesondere Prominente. Zum Zweiten war, das bestätigt die Praxis, die Entdeckungswahrscheinlichkeit jedenfalls noch vor zehn Jahren vergleichsweise niedrig. Bei Mord liegt die Aufklärungsrate nahezu bei 100 %, bei Steuerhinterziehung tendierte sie zumindest lange Zeit gegen Null. Steuerverwaltung ist Massenverarbeitung. Die Finanzverwaltung hat schon gar nicht die schiere „Manpower", um allen Steuerhinterziehern das Handwerk zu legen. Die Aufklärungsrate ist sogar so niedrig, dass manche Ökonomen scherzhaft der Ansicht sind, dass der rational denkende Homo sapiens bei nüchterner Betrachtung zwangsläufig Steuern hinterziehen müsste.

Dies allerdings hat sich durch den Ankauf der berühmt-berüchtigten Steuerdaten-CDs, die zwielichtige Angestellte bei ihren Arbeitgebern (Schweizer Banken) gestohlen hatten, jüngst dramatisch geändert. Insbesondere das Bundesland NRW gilt insoweit als Vorreiter bei der Fahndung nach Steuersündern. Seit 2010 wurden dort mehr als ein Dutzend Daten-CDs angekauft, teilweise gegen Beträge von 5 Mio. Euro. Das macht sich dennoch bezahlt. Infolge der CD-Ankäufe und der dadurch ausgelösten Steuernachzahlungen und Geldbußen nahm NRW laut Finanzministerium allein bis Juni 2015 mehr als 1,8 Mrd. Euro ein. Seit Frühjahr 2010 gingen bei der Finanzverwaltung NRW bis zum 1. Oktober 2015 rund 22.300 Selbstanzeigen ein. Hinzu kommt, dass Deutschland inzwischen mit den meisten Staaten (selbst mit der Schweiz und Liechtenstein) in bestimmten Bereichen einen sogenannten automatischen Auskunftsverkehr vereinbart hat. Informationen über Auslandskonten sind daher meist nicht mehr geheim, die Entdeckungswahrscheinlichkeit ist jedenfalls enorm gestiegen.

Drittens muss man sehen, dass die zu erwartenden Strafen bei Steuerhinterziehung lange Zeit gegenüber in etwa vergleichbaren Vermögensdelikten wie Betrug oder Unterschlagung zurückblieben. Diese Zeiten sind definitiv vorbei. Die Rechtsprechung geht heute dahin, dass ab einem Hinterziehungsbetrag von 1 Mio. Euro in der Regel eine Freiheitsstrafe ohne Bewährung zu verhängen ist. Der vierte Grund, der immer wieder genannt wird, ist die Ausgabenpolitik des Staates. Der Bürger hat kein Verständnis für viele Dinge, für die der Staat das Steuergeld ausgibt. Insofern greift er gerne zu einer Art Selbstjustiz, indem er vielleicht einerseits weniger Einnahmen angibt, andererseits das Geld aber nach seinem Gutdünken spendet. Das ist natürlich absolut inakzeptabel, aber menschlich verständlich. Dass es anders geht, zeigen insbesondere die skandinavischen Staaten. Hier sind die Einkommensteuersätze zum Teil höher als in Deutschland, aber die Menschen identifizieren sich – zumindest Umfragen zufolge – mehr mit der Ausgabenpolitik des Staates, die zudem transparenter gemacht wird. Auch empfanden weite Teile der vermögenderen Bevölkerung es schlicht als Unverschämtheit, dass der Staat gewissermaßen als Hehler der Steuerdaten-CDs aufgetreten ist. Vielen Menschen ist es unverständlich geblieben, wie der Staat zwar einerseits die Steuermoral einfordert, andererseits sich aber selbst derartig ins Unrecht setzen kann.

Hinzu kommt, dass es viele Bürger als unmoralisch empfinden, wenn einerseits penibel Steuerehrlichkeit eingefordert wird, andererseits aber gigantische Fehlplanungen von staatlicher Seite Milliarden kosten – man denke nur an den Berliner Flughafen. Ob ein neuer Straftatbestand à la „Verschwendung von Steuergeldern" politisch eine Mehrheit finden würde, ist zwar fraglich, aber dass Politiker und Beamte selbst in Extremfällen nicht für ihre pekuniären Missetaten haftbar zu machen sind, ist durchaus ein teurer Luxus, den wir uns da leisten.

Wer Steuern hinterzogen hat, hat auch heute immer noch die Möglichkeit, von sich selbst aus „reinen Tisch" zu machen. Der Steuerhinterzieher kann eine sog. steuerliche Selbstanzeige bei seinem Finanzamt einreichen. Dabei handelt es sich letztlich um nicht mehr als einen Brief, in dem die hinterzogenen Beträge der Höhe nach genau bezeichnet sind. Wenn diese Beträge dann nebst Zinsen (immerhin 6 % pro Jahr) nachgezahlt werden, so wird der Täter wegen der Steuerhinterziehung nicht bestraft – die Straffreiheit ist also das Ziel und die Folge einer korrekten Selbstanzeige. Diese Möglichkeit ist heute aber deutlich eingeschränkter als früher. Ab einer gewissen Höhe an hinterzogenen Steuern sind beispielsweise zusätzliche Strafzahlungen bzw. Zuschläge fällig, um die Straffreiheit zu erlangen.

Ungeachtet dessen gibt es noch eine vierte Kategorie des denkbaren Steuerverhaltens, die die drei oben genannten Kategorien ergänzt: Es handelt sich dabei um die Verwirklichung von Sachverhalten, die darauf abzielen, die deutsche unbeschränkte bzw. beschränkte Steuerpflicht gänzlich zu beenden. Dies lässt sich noch am ehesten mit dem oben genannten Begriff der „Steuerflucht" charakterisieren, wie er jedenfalls im Volksmund Verwendung findet. Der „Steuerflüchtling" ist kein Steuerhinterzieher, der bei einer an sich bestehenden Steuerpflicht wahrheitswidrig steuerrelevante Angaben macht oder unterlässt, sondern er verwirklicht real einen Sachverhalt, der tatsächlich nicht mehr der Besteuerung unterliegt. Einfach ist das indes nicht, weil die außersteuerlichen Konsequenzen den Steuerpflichtigen meist nicht gefallen. Die einfachste und umfassendste Steuerflucht in diesem Sinne ist der sog. steuerliche Wegzug, d. h. der Steuerpflichtige verlegt seinen persönlichen und wirtschaftlichen Lebensmittelpunkt in einen anderen Staat. In der Regel bedeutet dies, dass die Familie mit umziehen muss und dass der Steuerpflichtige seiner Erwerbstätigkeit fortan allein im Ausland nachzugehen hat. Jeder inländische Anknüpfungspunkt für die unbeschränkte oder beschränkte Steuerpflicht muss dabei aufgegeben werden, sonst gelingt die Flucht jedenfalls nicht vollständig.

Im unternehmerischen Bereich gibt es dazu auch ein Pendant, nämlich den „Wegzug" von Gesellschaften. Freilich können Gesellschaften als juristische oder teilrechtsfähige Personen als solche nicht physisch umziehen. Gemeint ist deshalb der Wechsel des „Rechtskleides" einer Gesellschaft: aus einer deutschen GmbH wird beispielsweise eine irische Limited. Unterhält die Gesellschaft in ihrem Ursprungsland allerdings eine Betriebsstätte, muss freilich diese mit „umziehen", d. h. die Geschäftsführer, das sonstige Personal und das Mobiliar sowie alle immateriellen Wirtschaftsgüter, die mit der Betriebsstätte im wirtschaftlichen Zusammenhang stehen, müssen ebenfalls in einen anderen Staat verlegt werden, weil ansonsten im Betriebsstättenstaat die beschränkte Steuerpflicht greift.

Die meisten Staaten haben inzwischen in ihren nationalen Steuergesetzen Gegenmaßnahmen zu den vorgenannten Phänomenen ergriffen. Das eine sind die bereits oben genannten Missbrauchsvermeidungsvorschriften, die Sachverhalte aufgreifen, die spezifisch dazu bestimmt und geeignet sind, die jeweils inländische Steuerbemessungsgrundlage zu vermindern. Das andere sind Vorschriften über „Briefkastengesellschaften" bzw. funktionslose oder funktionsarme Gesellschaften, die sich in Deutschland in der sog. Hinzurechnungsbesteuerung des Außensteuergesetzes wiederfinden. Wenn ein im Inland ansässiger Steuerpflichtiger eine ausländische Gesellschaft gründet, in der sich keine oder nur wenig wirtschaftliche Substanz befindet, dann wird das Einkommen der ausländischen Gesellschaft unter bestimmten im Gesetz festgelegten Voraussetzungen beim inländischen Gesellschafter dieser Gesellschaft wie eigenes Einkommen besteuert. Das dritte sind Vorschriften über die sog. Exit-Besteuerung: Wenn bei einem Sachverhalt klar wird, dass eine steuerlich relevante Betätigung letztmalig der z. B. deutschen Besteuerung unterliegt, wird gleichsam in der letzten denklogisch möglichen Sekunde die Besteuerung der in den jeweiligen Wirtschaftsgütern gebildeten stillen Reserven (das ist im Wesentlichen die Differenz zwischen dem Buchwert und dem fiktiv zu ermittelnden Marktpreis des Wirtschaftsguts) vorgenommen.

Beispiel: Eine natürliche Person mit Wohnsitz im Inland hält ausschließlich 100 % der Anteile an einer sehr profitablen GmbH. Die einzigen Einkünfte der natürlichen Person sind entsprechend die jährlichen Dividenden, die nach den nationalen Vorschriften der Besteuerung mit Einkommensteuer unterliegen. Auch eine Veräußerung der GmbH-Anteile würde im Inland nach den allgemeinen Regeln besteuert. Verlegt die natürliche Person jetzt ihren Wohnsitz nach Singapur (und zahlt dort gar keine Steuern auf Dividenden), so würde das Doppelbesteuerungsabkommen zwischen Deutschland und Singapur einer deutschen Besteuerung eines etwaigen Veräußerungsgewinns entgegenstehen, wenn die natürliche Person ihre Anteile an der GmbH nach dem Wegzug veräußern würde. Die Doppelbesteuerungsabkommen weisen das Besteuerungsrecht für den Veräußerungsgewinn nämlich regelmäßig dem Ansässigkeitsstaat der veräußernden Person zu, nach dem Wegzug also Singapur. Deutschland verlöre also das Besteuerungsrecht hinsichtlich der Anteile, die bislang, so sagt man, im Inland steuerverstrickt waren. In diesem Szenario greift die sog. Wegzugsbesteuerung nach § 6 des deutschen Außensteuergesetzes ein (auch „Lex Horten" genannt).[68] Es wird eine Veräußerung der Anteile in der letzten logischen Sekunde vor dem Wegzug fingiert, und zu diesem Zeitpunkt hatte Deutschland noch das Besteuerungsrecht. Der Steuerpflichtige muss daher Einkommensteuer zahlen, obwohl er keinen Liquiditätszufluss hatte.

Besteuerung ohne Liquidität ist freilich der Worst Case des Steuerrechts, weil der Steuerpflichtige die Steuern aus anderen Mitteln begleichen muss, wenn er seine Beteiligung nicht auch tatsächlich veräußern möchte. Dieser faktische Zwang wäre eigentlich schon schlimm genug, aber es kann durchaus noch schlimmer kommen. Wir wollen annehmen, dass der Steuerpflichtige seine Beteiligung an der GmbH früher zu einem Preis von 100 erworben hatte. Zum Zeitpunkt des Wegzugs sollen die Anteile einen Wert von 500 haben, sodass Deutschland die Differenz von 400 aufgrund der unterstellen, fiktiven Veräußerung als Veräußerungsgewinn mit Einkommensteuer besteuern würde. Das Geld zur Begleichung der Steuerforderung muss sich der Steuerpflichtige von seiner Hausbank leihen. Nach dem Wegzug hält der Steuerpflichtige die Beteiligung noch für zwei weitere Jahre und veräußert sie dann zu einem Preis von 500 an einen fremden Dritten. In einem solchen Sachverhalt würden die meisten anderen Staaten zu einem Veräußerungsgewinn von 900 gelangen, nämlich die Differenz zwischen den Anschaffungskosten der Beteiligung (100) und dem tatsächlichen Veräußerungsgewinn (900). Sie würden also sowohl den Wertzuwachs zu Zeiten des Bestehens des deutschen Besteuerungsrechts zugrunde legen als auch die Tatsache außer Betracht lassen, dass die 400 bereits der Besteuerung in Deutschland unterlegen haben. Eine Anrechnung der in Deutschland gezahlten Steuern auf die Einkommensteuer im Ausland scheitert ebenfalls meist an der Tatsache, dass die Steueranrechnung eine Identität des Besteuerungszeitraums voraussetzt. Mit anderen Worten: Hinsichtlich des Ertrags von 400 kommt es zu einer echten Doppelbesteuerung. Erst in den jüngeren deutschen DBA hat man versucht, für dieses Problem eine Lösung zu schaffen: Man verpflichtet den anderen Staat (den Zuzugsstaat), den Wertzuwachs aus dem Wegzugsstaat nicht zu besteuern.

Dieses Beispiel zeigt sehr anschaulich das Problem: Die Gegenmaßnahmen der Staaten, die auf eine auf den ersten Blick legitime Sicherung des nationalen Steueraufkommens abzielen, weisen sehr schnell überschießende Tendenzen auf und können für den Steuerpflichtigen zu einem handfesten wirtschaftlichen Problem werden. Dies wirft die übergeordnete Frage auf, ob und in welchem Umfang es den Staaten erlaubt ist, Regelungen zur Verminderung der Bemessungsgrundlage bzw. zur Verhinderung der Steuerpflicht zu erlassen. Da Steuerrecht, wie bereits erwähnt, Hoheitsrecht ist, stehen solche Überlegungen zunächst einmal im Belieben der einzelnen Staaten und können allenfalls durch vorrangiges Völkerrecht oder Europarecht gebremst werden. Die DBA selbst schaffen selten Abhilfe, zumal sie gerade in jüngerer Zeit insbesondere die Vermeidung der Steuerflucht im Blick haben. Entsprechend den Vorschlägen im BEPS-Aktionspunkt 6 (Einzelheiten dazu im übernächsten Kapitel) wurden Titel und Präambel des OECD-Musterabkommens in der Revision 2017 angepasst. DBA sollen künftig folgenden Titel haben: „Abkommen zwischen (Staat A) und (Staat B) zur Verhinderung der Doppelbesteuerung auf dem Gebiet der Steuern vom Einkommen und vom Vermögen und zur Verhinderung von Steuerverkürzung und -umgehung". Es wird damit erstmals seit vielen Jahrzehnten klargestellt, dass die DBA nicht allein die Doppelbesteuerung verhindern sollen, sondern auch die doppelte Nichtbesteuerung ins Visier nehmen.

Innerhalb Europas hilft dem Steuerpflichtigem zwar in gewissem Umfang das europäische Gemeinschaftsrecht, das eine steuerliche Schlechterstellung des grenzüberschreitenden Sachverhalts gegenüber dem rein nationalen Sachverhalt über die Gewährung der oben bereits im 4. Kapitel erwähnten Grundfreiheiten verhindern möchte. Schließlich wird die Wegzugsbesteuerung im obigen Beispielsfall nur fällig, wenn der Steuerpflichtige von Deutschland in das Ausland verzieht, nicht aber bei einem Wegzug beispielsweise von Hamburg nach München. Eine solche Differenzierung in der steuerlichen Behandlung muss europarechtlich besonders gerechtfertigt werden. Der Europäische Gerichtshof hat insoweit aber in einigen Entscheidungen sowohl die Wirksamkeit der Steueraufsicht[69] als auch die Verhinderung von steuerlichem Missbrauch[70] und von Steuerflucht grundsätzlich als Rechtfertigungsgründe für Gegenmaßnahmen der Staaten anerkannt, auch wenn die Entscheidungen natürlich immer einzelfallbezogen ergehen und deshalb der Steuerpflichtige oder auch der jeweilige Staat nicht als Automatismus zu der von ihm begehrten Lösung kommt.

So dienen dem Anliegen, eine gesetzmäßige Besteuerung sicherzustellen, zwar ersichtlich auch Regelungen zur Sachverhaltsermittlung und zum Verfahren. Soweit derartige Regelungen grenzüberschreitende Fälle in besonderer Weise betreffen und deshalb diskriminierend oder beschränkend wirken, können sie nach der Rechtsprechung des Europäischen Gerichtshofs durch den Rechtfertigungsgrund der wirksamen Steueraufsicht grundfreiheitsrechtlich legitimiert sein. Lange Jahre war dieser Rechtfertigungsgrund in seiner praktischen Bedeutung allerdings dadurch eingeschränkt, dass der Gerichtshof die Instrumente der Amtshilferichtlinie als weniger beeinträchtigend ansah und die Mitgliedstaaten auf diese Instrumente verwies. In gleicher Weise wurden auch dem Rechtfertigungsgrund der Bekämpfung des steuerlichen Missbrauchs und der Steuerflucht enge Grenzen gesetzt. Er wurde vom Gerichtshof insbesondere mit Blick auf die Frage nach der sachgerechten Typisierung, also nach dem hinreichend genauen Zuschnitt des steuerrechtlichen Tatbestands des vermuteten Missbrauchs, durchaus restriktiv interpretiert.

Zumindest innerhalb Europas schaut der Europäische Gerichtshof den Mitgliedstaaten daher sehr genau auf die Finger. Deren Befugnisse und Möglichkeiten werden freilich deutlich größer, wenn es einen einheitlichen europäischen Rechtsrahmen gibt, innerhalb dessen die Grenzen der Eingriffsmöglichkeiten zwar einerseits klar abgesteckt, andererseits aber auch Ermächtigungsgrundlagen für Gegenmaßnahmen vorgesehen sind. In den letzten zehn Jahren hat sich der EU-Rechtsrahmen zur Bekämpfung der Steuerflucht und Steuerhinterziehung erheblich weiter entwickelt. Während die Mitgliedstaaten (bislang) ihre Hoheit über die Steuerpolitik bewahrt haben, wird aus den EU-Verträgen die Notwendigkeit deutlich, Regeln zum Schutz der Integrität des Binnenmarktes zu vereinheitlichen. Es wurden vermehrt EU-Maßnahmen im Bereich der Besteuerung im Bestreben vorgenommen, den Binnenmarkt zu vollenden. Ein gewisses Maß an Harmonisierung wurde in

Bezug auf direkte Steuern, wie z. B. die Körperschaftsteuer, umgesetzt, um steuerliche Hindernisse für den Handel, Doppelbesteuerung und doppelte Nichtbesteuerung zu beseitigen und schädlichen Steuerwettbewerb zu vermeiden. Eine sehr weitgehende Harmonisierung wurde demgegenüber für indirekte Steuern (insbesondere für die Umsatzsteuer) zur Vermeidung von Wettbewerbsverfälschungen im Binnenmarkt eingerichtet.

Eine nicht zu unterschätzende Rolle kommt dabei der Verwaltungszusammenarbeit und Amtshilfe zu. Verwaltungszusammenarbeit und gegenseitige staatliche Unterstützung sind notwendig, weil Staaten ihre Steuerhoheit extraterritorial definieren (z. B. über das Welteinkommensprinzip), während ihre Ermittlungs- und Steuervollstreckungsmöglichkeiten mangels eines weltweiten Hoheitsrechts an den Grenzen enden. Um diese Lücke zwischen der extraterritorialen Jurisdiktion einerseits und den territorialen Grenzen der Vollstreckung andererseits zu schließen, sind die Staaten aufeinander angewiesen, um eine korrekte Besteuerung und die vollständige Vollstreckung der Steuern zu erreichen. Die gegenseitige Amtshilfe der Mitgliedstaaten im Bereich der Besteuerung wurde bereits in den späten 1970er Jahren auf EU-Ebene eingeführt. Die sog. Amtshilfe-Richtlinie[71] definiert bis heute die erforderlichen Verfahren für eine bessere Zusammenarbeit zwischen den Steuerverwaltungen. Sie legte fest, dass der Informationsaustausch auf drei Arten erfolgen kann: spontan, automatisch oder auf Anfrage. Sie führte Mechanismen für die Beteiligung der Behörden der Mitgliedstaaten an behördlichen Ermittlungen und gleichzeitige Prüfungen und gegenseitige Mitteilungen über steuerliche Entscheidungen ein. Sie bietet neuerdings auch die notwendigen praktischen verfahrensrechtlichen Werkzeuge und Instrumentarien, wie ein sicheres elektronisches System für den Informationsaustausch geschaffen werden kann.

Darüber hinaus muss in grundsätzlicher Hinsicht gesehen werden, dass unkoordinierte Maßnahmen gegen Gewinnverlagerung der nationalstaatlichen Politik auch schaden können. In der Tat können die Regeln in einem Mitgliedstaat die Wirksamkeit der Bestimmungen anderer Mitgliedstaaten untergraben. Einseitige Maßnahmen der Mitgliedstaaten würden somit nicht das Problem der aggressiven Steuerplanung angemessen lösen, da unterschiedliche nationale Ansätze zur Lösung dieses grenzüberschreitenden Problems zur Entstehung von neuen Schlupflöchern für aggressive Steuerplanung führen.

Die EU hat insoweit verschiedene Instrumente zur Bekämpfung von grenzüberschreitenden Gewinnverlagerungen eingeführt. Die bereits im 4. Kapitel genannte Mutter-Tochter-Richtlinie etwa wurde eigens zur Bekämpfung von missbräuchlichen Praktiken im Jahr 2015 geändert. Die geänderte Richtlinie[72] ermöglicht es den Mitgliedstaaten beispielsweise, einseitige Maßnahmen gegen partiarische (d. h. gewinnabhängige) Darlehen zu ergreifen und hat gemeinsame Mindestanforderungen zur Missbrauchsbekämpfung für Situationen, die unter die Richtlinie fallen, implementiert. Die EU hat im Jahr 2016 ferner eine sog. Anti-Steuervermeidungs-Richtlinie (Anti-Tax-Avoidance-Directive = ATAD) verabschiedet.[73] In Verbindung mit den im übernächsten Kapitel darzustellenden Maßnahmen gegen Gewinnverlagerung zielt sie auf Systeme ab, in denen Konzerne, die in mehreren Ländern Unternehmen betreiben, Schlupflöcher und Ungleichheiten zur Reduzierung ihrer Steuerlast nutzen. Diese Richtlinie gilt für alle Steuerpflichtigen, die in einem oder mehreren Mitgliedstaaten körperschaftsteuerpflichtig sind, einschließlich der in einem oder mehreren Mitgliedstaaten gelegenen Betriebsstätten von Unternehmen, die steuerlich in einem Drittland ansässig sind. Sie führt in vier spezifischen Feldern Regeln zur Steuervermeidung ein: Regeln zur Verhinderung einer übermäßigen Fremdfinanzierung („Zinsschranke"), Regeln zur steuerlichen Behandlung des Wegzugs, Regeln zur Verhinderung von Missbrauch im Allgemeinen sowie Regeln für beherrschte ausländische Gesellschaften (sog. CFC = controlled foreign companies).

Der rechtliche Rahmen innerhalb der EU entwickelt sich mithin ständig weiter, um die oben aufgezeigten Lücken zu füllen. Die geforderten Änderungen wurden von den Mitgliedstaaten jedoch nicht immer rechtzeitig bzw. nicht vollständig umgesetzt. Deutschland selbst etwa hat die Umsetzungsfrist der ATAD (31.12.2018) schlicht verstreichen lassen mit dem Hinweis, man habe die Richtlinie „ja bereits im Wesentlichen" umgesetzt. Das mag inhaltlich so zwar nicht ganz falsch sein, gibt aber dennoch nach innen wie nach außen kein gutes Bild ab. Es ist schlicht peinlich, dass so ein wirtschaftlich und politisch bedeutsamer Staat wie die Bundesrepublik, der sich zudem als Vorreiter in Sachen Missbrauchsbekämpfung sowohl auf OECD- als auch EU-Ebene hervorgetan hat und zudem über eine administrativ hervorragend aufgestellte Finanzverwaltung verfügt, es nicht schafft, eine Frist einzuhalten.

VIII.

Steuerwettbewerb als globales Phänomen

Nie war es einfacher als heute, binnen Sekunden erhebliche Vermögenswerte in das Ausland zu transferieren. Auch die Mobilität der Steuerpflichtigen hat ein nie gekanntes Ausmaß angenommen. Beides zusammen führt, auch und gerade vor dem Hintergrund der Globalisierung und dem dadurch bewirkten verschärften Wettbewerb zwischen Unternehmen, aber auch dem Wettbewerb um qualifizierte, hochbezahlte Arbeitskräfte nahezu zwangsläufig dazu, dass Steuerpflichtige – vor allem im unternehmerischen Bereich – auch nach Möglichkeiten suchen, ihre Steuerlast zu minimieren oder eine solche im Extremfall sogar gänzlich zu vermeiden, sei es nun über Verrechnungspreise, über klassische Steuerarbitrage (also das Ausnutzen von Steuersatzdifferenzen), über hybride Vehikel oder Instrumente, über sog. Basisgesellschaften, Trustkonstruktionen und dergleichen mehr. Den beteiligten Fisci ist dies naturgemäß ein Dorn im Auge, auch wenn die Steuerminimierung bzw. Steuervermeidung, wie oben dargestellt, jedenfalls nach deutschem Recht ausdrücklich legal ist.

Abseits dessen gilt aber ebenso, dass die Staaten, die sich in der Staatengemeinschaft jedenfalls im Ausgangspunkt als gleichberechtigte Rechtssubjekte gegenüberstehen, miteinander in punkto Steuervergünstigungen in einen Steuerwettbewerb nach Art eines „race to the bottom" eingetreten sind, dessen Ende noch immer nicht absehbar ist. All dies führt letztlich dazu, dass die Staaten um wirtschaftlich rege und finanzkräftige Steuerpflichtige konkurrieren, weil sich der stetig steigende Finanzbedarf anderenfalls nicht mehr hinreichend decken lässt. In einem Wohlfahrtsstaat wie der Bundesrepublik Deutschland, die als Hochsteuerland zur Sicherung der Zukunftsfähigkeit in besonderem Maße auf Wettbewerbsneutralität und außersteuerliche Anreize zur Attraktion von Steuerpflichtigen angewiesen ist, zeigt sich dies beinahe täglich aufs Neue und erklärt wahrscheinlich auch die Verve, mit der das Bundesfinanzministerium sich dieser Themen in der Vergangenheit trotz der in der Zeit vor Covid-19 stetig steigenden inländischen Steuereinnahmen angenommen hat.

Nach den Regeln des Völkerrechts kann, wie eingangs ausgeführt, jeder souveräne Staat sein Steuerrecht im Grundsatz so ausgestalten, wie es ihm beliebt. Das kann so aussehen, dass wie beispielsweise in den Vereinigten Arabischen Emiraten für Unternehmen gar keine Steuern zu entrichten sind. Das kann so aussehen, dass wie auf den Cayman Islands keine Ertragsteuern, dafür aber lediglich bestimmte Verkehrsteuern zu zahlen sind. Oder so wie in Österreich, wo zum Jahr 2008 überraschend die Erbschaftsteuer abgeschafft wurde. Oder aber Staaten locken Unternehmen schlicht mit niedrigen Steuersätzen. Das ist sicherlich die Mehrheit der Fälle, und so verhält es sich beispielsweise auch in den einer breiteren Öffentlichkeit bekanntgewordenen Skandalen um die sog. Lux-Leaks[74] bzw. später die sog. Panama Papers.[75] Bei den Lux-Leaks kommt allerdings offenbar noch die Besonderheit hinzu, dass bestimmte Steuersätze nicht einheitlich allen Unternehmen, die dort tätig sind, gewährt wurden, sondern nur bestimmten Unternehmen im Wege gesonderter Absprache.

Bei den Panama Papers waren die Ausmaße noch immenser. In 2016 wurde von Journalisten das größte Steuerdaten-Leak der Geschichte veröffentlicht.[76] Die Panama Papers umfassten 11,5 Millionen Dokumente und enthüllten, wie mit Hilfe von mehr als 214.000 Briefkastenfirmen Superreiche aus aller Welt Gelder in Steueroasen versteckten und über diese Firmen Geschäfte abwickelten. Niemand (jedenfalls nicht die Steuerbehörden) kannte dabei die wahren Eigentümer der von der (mittlerweile geschlossenen) panamaischen Anwaltskanzlei *Mossack Fonseca* verwalteten Firmen- und Finanzkonstrukte, mit deren Hilfe über Jahre v. a. Kapitaleinkünfte hinterzogen worden waren. Zumindest in früheren Zeiten konnten sich noch Steuerpflichtige mit stark mobilen Einkünften recht sicher sein, dass der Informationsaustausch zwischen Staaten auch angesichts der allerorten bestehenden Steuergeheimnisse und Bankprivilegien die Entdeckungswahrscheinlichkeit gegen Null tendieren ließ.

Vor diesem Hintergrund nimmt es nicht Wunder, dass die internationale Steuerplanung über lange Zeit stark an Attraktivität und Praxisrelevanz gewonnen hat. Die zunehmende Regelungsdichte, das Nebeneinander nationaler Steuerhoheiten, die Verteilung von Besteuerungsansprüchen zwischen den Staaten durch Doppelbesteuerungsabkommen und auch rein faktische Schwierigkeiten (etwa Sprachbarrieren oder unterschiedliche Kulturen) haben dabei zu einer Komplexität geführt, die auch von dem Kundigen nicht immer leicht zu durchschauen ist. Hinzu kommt, dass die internationale Beweglichkeit von Steuerpflichtigen und Einkunftsquellen gegenläufige Reaktionen der Finanzverwaltungen hervorruft, die nicht eben zur Vereinfachung des Steuerrechts und einer praxistauglicheren Anwendung führen. Viele steuerliche Normen der jüngeren Vergangenheit, die sich dieses Problemkreises annehmen, werfen daher mehr Fragen auf, als sie lösen.

Das im Grundsatz verständliche Buhlen der Staaten um Steuerpflichtige und Besteuerungssubstrat ist aber nur die eine Seite der Medaille. Erreicht die Gesamtheit der staatlichen Maßnahmen nämlich eine Intensität, die geeignet ist, die Steuerpflichtigen gezielt an Investitionen in anderen Staaten zu hindern, kommt es zu einem schädlichen Steuerwettbewerb, der aus der Sicht der Staatengemeinschaft und auch aus der Sicht der OECD nicht mehr wünschenswert sein kann (sog. harmful tax competition). Nur im Extremfall handelt es sich bei den damit angesprochenen Staaten um typische Steueroasen. Auch innerhalb der Europäischen Union ist von der OECD schon vor vielen Jahren eine ganze Reihe schädlicher Steuerpraktiken der Mitgliedstaaten identifiziert worden.

Die ersten europäischen Vorarbeiten in diesem Bereich gehen auf den vom Rat der Wirtschafts- und Finanzminister (ECOFIN) am 1. Dezember 1997 beschlossenen Verhaltenskodex für die Unternehmensbesteuerung zurück.[77] Der Verhaltenskodex war kein rechtsverbindliches Instrument, stellte aber eindeutig eine politische Verpflichtung dar.[78] Mit der Annahme dieses Verhaltenskodexes hatten sich die Mitgliedstaaten verpflichtet, geltende steuerliche Maßnahmen, die als schädlicher Steuerwettbewerb einzustufen waren, zurückzunehmen und künftig keine derartigen oder vergleichbaren Maßnahmen mehr zu treffen oder zu ändern. Der Rat erkannte bei der Annahme des Kodexes die positiven Auswirkungen des lauteren Wettbewerbs an, der in der Tat nutzbringend sein kann. Der Kodex zielte daher nur auf solche Maßnahmen ab, die die Standortwahl von Unternehmen in der Gemeinschaft in ungerechtfertigter Weise beeinflussten, indem sie ausschließlich für Gebietsfremde galten und diesen eine günstigere steuerliche Behandlung gewährten, als es im betreffenden Mitgliedstaat sonst üblich war. Zur Ermittlung solch schädlicher Maßnahmen gab der Kodex konkrete Kriterien vor, anhand derer alle potenziell schädlichen Maßnahmen zu prüfen waren.

Zur Beurteilung der Schädlichkeit von Maßnahmen wurden etwa folgende Kriterien herangezogen: Bewirken die Maßnahmen gemessen an den üblicherweise in dem betreffenden Mitgliedstaat geltenden Besteuerungsniveaus eine deutlich niedrigere Effektivbesteuerung? Werden die steuerlichen Vorteile ausschließlich Gebietsfremden gewährt? Sind die steuerlichen Vorteile völlig von der inländischen Wirtschaft isoliert, sodass sie keine Auswirkungen auf die innerstaatliche Steuergrundlage haben? Werden die steuerlichen Vorteile gewährt, selbst wenn gar keine echte Wirtschaftstätigkeit vorhanden ist? Weichen die Regeln für die Gewinnermittlung bei Aktivitäten innerhalb einer multinationalen Unternehmensgruppe von international allgemein anerkannten Grundsätzen, insbesondere von den von der OECD vereinbarten Regeln, ab? Mangelt es den Maßnahmen an Transparenz?

Die EU-Finanzminister setzten auf ihrer Ratstagung vom 9. März 1998 die Gruppe „Verhaltenskodex (Unternehmensbesteuerung)" unter dem Vorsitz von *Dawn Primarolo* (Großbritannien) ein, um zu prüfen, welche steuerlichen Regelungen unter den Verhaltenskodex für die Unternehmensbesteuerung fallen könnten. In ihrem Bericht vom November 1999[79] benannte die Gruppe 66 steuerliche Maßnahmen mit schädlichen Elementen (davon 40 in EU-Mitgliedstaaten, 3 in Gibraltar und 23 in abhängigen oder assoziierten Gebieten).

Diese Vorarbeiten wurden in den folgenden Jahren durch die EU konsequent fortgeführt. Die Kommission hat in diesem Gefolge am 6.12.2012 einen Aktionsplan zur Verstärkung der Bekämpfung von Steuerbetrug und Steuerhinterziehung auf den Weg gebracht, der 34 Einzelvorschläge zu diesem Bereich enthält.[80] Er wird ergänzt durch eine Empfehlung gleichen Datums betreffend sog. aggressive Steuerplanung, die insbesondere die Überarbeitung der ertragsteuerlichen europäischen Richtlinien sowie die Aufnahme allgemeiner und besonderer Missbrauchsklauseln in Doppelbesteuerungsabkommen zum Gegenstand hatte. Eine weitere Kommissionsempfehlung ebenfalls gleichen Datums befasst sich mit dem verantwortungsvollen Handeln von Drittstaaten, mit der diese zu gewissen Mindeststandards bei der Abfassung von Gesetzen und Praktiken im steuerlichen Bereich angehalten werden sollen (Beispiele: Anknüpfung an Kriterien des früheren sog. Code of Conducts zum unfairen Steuerwettbewerb, Erstellung einer „schwarzen Liste" von Steueroasen, Anknüpfung an Kriterien des Global Forums zu Transparenz und Informationsaustausch, etc.).

Insbesondere die Verwendung des Terminus „aggressive Steuerplanung", die meist undifferenziert auch in der Wirtschaftspresse verwendet wird, wirft dabei Fragen auf, denn es ist bemerkenswert, dass die Europäische Kommission zwar davon spricht, dass die von ihr angesprochenen „Praktiken" zwar „durchaus legal" seien, aber dennoch „zur Absicht des Gesetzes im Widerspruch stehen". Können „Praktiken", die „zur Absicht des Gesetzes im Widerspruch stehen", tatsächlich „legal" sein? Die Europäische Kommission bemüht sich in ihrer oben genannten Empfehlung vom 6.12.2012 insoweit um eine neue Definition der „aggressiven Steuerplanung". Dabei zeigt sich, dass dieser Definition zumindest auf den ersten Blick ein viel weiteres Verständnis zugrunde liegt, als es die darin vorgenommene Beschreibung der Praktiken nahelegt: „Aggressive Steuerplanung besteht darin, die Feinheiten eines Steuersystems oder Unstimmigkeiten zwischen zwei oder mehr Steuersystemen auszunutzen, um die Steuerschuld zu senken. Aggressive Steuerplanung kann in vielerlei Formen auftreten. Zu ihren Folgen gehören doppelte Abzüge (d. h. ein und derselbe Verlust wird sowohl im Quellenstaat als auch im Ansässigkeitsstaat abgezogen) und doppelte Nichtbesteuerung (d. h. Einkünfte, die im Quellenstaat nicht besteuert werden, sind im Ansässigkeitsstaat steuerbefreit)." Die Empfehlung der Europäischen Kommission leidet ganz erheblich unter der Unschärfe des Begriffs der „aggressiven Steuerplanung". Es bleibt nach wie vor unklar, ob darunter Gestaltungen zu verstehen sind, die bei einer am Ziel und Zweck des Gesetzes orientierten Auslegung ohnehin steuerpflichtig sind, oder ob es sich tatsächlich um Steuerplanung innerhalb des bisher gesetzlich zulässigen gesetzlichen Rahmens handelt. Jedenfalls fehlt es aber an Kriterien, anhand derer die Grenze zur ebenfalls zulässigen, aber nicht als aggressiv verpönten Steuerplanung gezogen werden kann.

Auch die OECD hatte sich etwa zeitgleich mit der EU des volkswirtschaftlich unerwünschten Problems des schädlichen Steuerwettbewerbs über die Jahrzehnte mit unterschiedlicher Stoßrichtung angenommen. In früherer Zeit konzentrierte sich die Aufarbeitung und Kritik allein auf die Ebene der Staaten. Bereits 1998 gab die OECD ihren Grundlagenbericht „Harmful Tax Competition – An Emerging Global Issue"[81] heraus, in dem sie die schädlichen Elemente des internationalen Steuerwettbewerbs erstmals wirklich systematisch zu erfassen suchte. Zu diesem Zweck wurden OECD-Richtlinien[82] erlassen, die eine grundsätzliche Beseitigung schädlicher Steuerpraktiken bis spätestens zum Jahr 2005 vorsahen. Zudem wurde das „Forum on Harmful Tax Practices" als OECD-Arbeitsgruppe gegründet. Dieser Institution verdanken wir die Vorarbeiten zur Zusammenarbeit der Finanzbehörden in Steuersachen, die sich inzwischen über die allgemeine Rechts- und Amtshilfe (dazu bereits oben) bis hin zur sog. Joint Audit (also die zeitgleiche Betriebsprüfung in mehreren Staaten) erstreckt.[83]

In den letzten Jahren hat die Diskussion hingegen einen anderen Zungenschlag angenommen und konzentrierte sich nunmehr nicht mehr so sehr auf die Staaten, sondern eher auf die multinationalen Unternehmen, die insbesondere über Verrechnungspreise und steuerliche Präferenzregime weltweit betrachtet zu teilweise in der Tat nahezu „unanständigen" Konzernsteuerquoten im niedrigen einstelligen Bereich gelangten. Angefacht auch durch unseriöse mediale Berichterstattung gerieten so zunächst vor allem US-amerikanische Internetkonzerne in den Fokus der Öffentlichkeit, und infolgedessen entdeckte die EU-Kommission das Rechtsinstitut der verbotenen Beihilfe für das Steuerrecht für sich ganz neu und setzte es seitdem recht erfolgreich ein (dazu sogleich).[84] Vor allem sog. IP-Boxen,[85] die besonders günstige Steuersätze für die Ausbeutung von geistigem Eigentum (Beispiel: Markenrechte, Patente) gewähren, aber auch andere präferenzielle Steuerregime und vor allem damit im Zusammenhang stehende, v. a. im Ausland praktizierte sog. „advance rulings"[86] (verbindliche Vorabsprachen mit einer Finanzbehörde) gehören daher unter dem Gesichtspunkt gemeinschaftsrechtswidriger Beihilfen in Europa bald der Vergangenheit an oder werden jedenfalls in ihrer Wirkung deutlich zurückgedrängt.

Worum geht es im europäischen Beihilfenrecht?[87] Geht es Deutschland (oder andere Staaten der EU) überhaupt etwas an, ob in einem anderen Staat die Steuern so erhoben werden, wie es die dortige Rechtsordnung gebietet? Ist es nicht ein Ausdruck gerade eines gesunden Steuerwettbewerbs, wenn Staaten der EU Unternehmen und Individuen ein attraktives Investitionsumfeld bereiten? Für die Beantwortung dieser Frage benötigt man keine Bewertung der ökonomischen Meriten der Staatenkonkurrenz und keine philosophischen Erwägungen über Fairness im Steuerwettbewerb. Die Antwort steht schwarz auf weiß in den Europäischen Verträgen, nämlich in dem grundsätzlichen Verbot staatlicher Beihilfen für bestimmte Unternehmen oder Industriezweige.

Dieses Verbot wird von der Europäischen Kommission zunehmend sowohl gegen nationale Gesetze als auch gegen einzelne Besteuerungsakte eingesetzt. Das Verbot greift, wenn der Begünstigte im Verhältnis zu anderen Steuerpflichtigen einen sog. „selektiven Vorteil" erhält. Beanstandungsfrei bleiben damit nur allgemeine Maßnahmen – etwa eine Senkung des

Körperschaftsteuersatzes für alle Unternehmen in einem Staat. Das heißt also: Ein gesetzlicher Steuervorteil kann durchaus nach nationalem Steuerrecht „legal" sein und ist dennoch nach europäischem Wettbewerbsrecht „illegal". Dieser Vorwurf richtet sich primär zwar gegen den jeweiligen Staat, hat aber auch einen Reflex für das Unternehmen, welches eine rechtswidrige Beihilfe in Anspruch genommen hat. Rechtswidrig gewährte Beihilfen, hier Steuervorteile, müssen nämlich seitens des Staates zurückgefordert werden. Die Unternehmen bzw. ihre Vertreter bleiben aber straffrei, solange die Beihilfe nicht auf unrichtigen Angaben beruht. Das wäre als Subventionsbetrug strafbar, wirkt aber bei Steuervorteilen recht konstruiert.

Ein klarer Fall einer selektiven Beihilfe liegt damit jedenfalls dann vor, wenn eine Steuerbehörde einem einzelnen Steuerpflichtigen günstige Rechtsfolgen zusagt, die nicht von den gesetzlichen Grundlagen in diesem EU-Mitgliedstaat gedeckt sind – sei es, dass der relevante Sachverhalt unrichtig festgestellt oder gar nicht erst ermittelt wird, sei es, weil die Gesetze in unvertretbarer Weise ausgelegt werden. Gegen das Beihilfeverbot verstoßen weiterhin solche individuellen Zusagen, die auf einem freien Ermessen der Steuerverwaltung beruhen. Und doch muss man sich hüten, eine wirtschaftsfreundliche Auskunftspraxis in Bausch und Bogen zu verdammen: Unternehmen benötigen verlässliche Vorabauskünfte und damit Rechtssicherheit, um Investitionsentscheidungen treffen zu können. Solche „Rulings" sind deshalb schon aus praktischen Erwägungen zu akzeptieren, wenn ihnen denn vertretbare Feststellungen zu Sachverhalt und Rechtslage zugrunde liegen.

Für eine funktionsfähige Beihilfenaufsicht müssen die Mitgliedstaaten daher vor allem die Transparenz ihrer Entscheidungsprozesse gewährleisten. Daran hat es in der Vergangenheit allzu oft gefehlt. Die für die Zukunft neuerdings vielbeschworene Kooperation der Mitgliedstaaten und ihrer Steuerbehörden (Stichwort: automatischer Auskunftsverkehr und Amtshilfeübereinkommen) wird sich nicht nur im gemeinsamen Vorgehen gegen Steuerhinterziehung und Steuervermeidung bewähren müssen, sondern auch im zivilen Miteinander der Staaten in einem rechtlich klar geordneten Steuerwettbewerb. Das eigentliche Problem des Steuerwettbewerbs ist damit kein steuerliches. Es ist in Wahrheit ein wettbewerbsrechtliches, aber auch ein moralisches Problem. Indes: Politik und Publizistik behelfen sich dieser Tage gerne mit dem Generalvorwurf „unmoralischen Verhaltens", der in erster Linie gegen die Wirtschaft und immer öfter auch gegenüber den Staaten formuliert wird.

Diese leisten sodann Gegenwehr, indem sie sich auf die „Legalität" der jeweiligen nationalen Steuermaßnahmen berufen.

Hierzu muss zunächst bemerkt werden, dass das Steuerrecht selbst moralisch neutral ist. Das zeigt sich schon an § 41 der Abgabenordnung: Ist ein Rechtsgeschäft unwirksam, so ist dies für die Besteuerung unerheblich, soweit die Beteiligten das wirtschaftliche Ergebnis dieses Rechtsgeschäfts gleichwohl eintreten lassen. Auch Drogenhändler und Schleuserbanden müssen Steuern zahlen. Es findet auch im Übrigen keine moralische Bewertung des Tuns statt, welches zu einem steuerpflichtigen Ertrag führt. Was also in diesem Zusammenhang des Steuerwettbewerbs moralisch ist oder nicht, liegt wie immer im Auge des Betrachters. Moral hat ja auch oft zwei Seiten. Natürlich ist es wünschenswert und auch geboten, dass Unternehmen, die die hiesige Infrastruktur nutzen, hier auch hier angemessene Steuern zahlen. Aber erstens kann man sehr lange streiten, was eigentlich angemessen ist, und zweitens stellt sich die Frage, warum das Bundesfinanzministerium mit seinen Maßnahmen stets nur repressiv ausgerichtet ist. Warum bieten denn die Niederlande oder Luxemburg, die wie Deutschland auch westlich und wirtschaftlich geprägte Länder sind und wahrlich keine Steueroasen oder Bananenrepubliken, den internationalen Konzernen die jetzt angeprangerten Absprachen an? Weil die Unternehmen Arbeitsplätze schaffen, weil auf diese Weise Lohnsteuern und Sozialversicherungsabgaben kassiert werden und weil bei einem Unternehmen mit zweistelligen Milliardenumsätzen selbst bei geringen Margen immer noch ein ansehnliches Stück vom Steuerkuchen übrigbleibt. Es ist also letztlich eine Art „Geschäftsmodell", ein attraktives Steuerumfeld zu schaffen.

Diesen Weg des Wettbewerbs, d.h. die Frage, wie man ein attraktives Steuerumfeld schafft, z.B. steuerliche Anreize für Forschung und Entwicklung, wie es viele andere Länder haben, wollte man in Berlin lange Jahre nicht und neuerdings auch nur zögerlich beschreiten, genauso wie man dort konsequent die dringende Reformbedürftigkeit anderer Steuerregeln ignoriert, die auf gleiche Weise international Unternehmen anlocken würden, wie etwa die Regeln für Holdinggesellschaften oder die Fremdfinanzierung von Unternehmen im Allgemeinen. Des Weiteren muss gesehen werden, dass die nationalen Gegenmaßnahmen der Staaten gegen den internationalen Steuerwettbewerb umgekehrt auch ein Instrument des Wettbewerbs selbst sind, d.h. sie fachen jedenfalls bei überschießenden Tendenzen den Wettbewerb immer weiter an, obwohl sie an sich das Gegenteil bewirken sollten.

IX.

BEPS – Der Beginn einer neuen Ära

Es waren die in den vorhergehenden Kapiteln beschriebenen Entwicklungen, die die OECD ab 2013 veranlassten, mit den Arbeiten an einem wahrlich epochalen Projekt zu beginnen, nämlich dem Aktionsplan gegen BEPS (= Base Erosion and Profit Shifting; auf Deutsch etwa: Aushöhlung der Steuerbemessungsgrundlage und Gewinnverlagerung). Er wurde mit dem klaren Ziel initiiert, gegen den schädlichen Steuerwettbewerb der Staaten und gegen aggressive Steuerplanungen international tätiger Konzerne vorzugehen. Das BEPS-Projekt schlägt daher eine gedankliche Brücke zwischen der oben bereits beschriebenen Herangehensweise, insbesondere der vorangegangenen drei Jahrzehnte: Einerseits werden die Staaten in den Blick genommen, andererseits aber auch die multinationalen Unternehmen als solche.

Die OECD hatte den G20 bereits im Februar 2013 einen umfassenden Bericht über die Ursachen und Auswirkungen von Gewinnkürzungen und Gewinnverlagerungen von multinational tätigen Unternehmen vorgelegt. Aufgrund dieses Berichts hatten die G20 der OECD zunächst ein Mandat für die Erarbeitung eines umfassenden Aktionsplans erteilt. Bei der Erstellung des Aktionsplans,[88] der von den G20 am 20.7.2013 in Moskau gebilligt wurde, hatten Deutschland bzw. das Bundesfinanzministerium ganz maßgeblich mitgewirkt (und wohl auch finanziert). Beim BEPS-Projekt und der konkreten Erarbeitung des Aktionsplans haben sodann im Ausgangspunkt 62 Staaten zusammengearbeitet. Darunter sind alle Staaten der OECD und der G20, aber auch Entwicklungs- und Schwellenländer. Internationale Organisationen wie die UNO, der Internationale Währungsfonds, die Weltbank und die Europäische Union waren ebenso beteiligt wie regionale Steuerorganisationen. Der Aktionsplan war als ein Katalog mit Maßnahmen gegen Base Erosion and Profit Shifting zu verstehen, auf dessen Grundlage bis Ende 2015 wirksame, international abgestimmte Regelungen gegen Gewinnkürzungen und Gewinnverlagerungen erarbeitet werden sollten.

Der Aktionsplan enthielt 15 Aktionspunkte, die in Form von Einzelmaßnahmen näher ausgearbeitet und zu denen finale Berichte im Oktober 2015 vorgelegt wurden. Zusammen mit Eingaben und Stellungnahmen von Verbänden, Organisationen und Staaten handelte es sich um mehr als 20.000 Seiten. Die Ergebnisse waren zu einem großen Teil nicht bloße Absichtserklärungen, sondern konkret umsetzbare Empfehlungen. Die erarbeiteten Empfehlungen umfassen dabei verschiedene Aspekte der internationalen Besteuerung. Das zentrale, übergeordnete Leitprinzip der Vorschläge ist der Grundsatz, dass die Besteuerung künftig dort erfolgen soll, wo die unternehmerische Aktivität und die daraus resultierende Wertschöpfung stattfinden, wobei hier auch besonderes Augenmerk spezifisch auf die Eindämmung des schädlichen Steuerwettbewerbs sowie auf den Bereich der konzerninternen Verrechnungspreise gelegt wurde. Das zweite übergeordnete Leitprinzip lautete Transparenz. So soll künftig auch ein verpflichtender spontaner Informationsaustausch von Tax Rulings erfolgen, bestimmte Finanzkonteninformationen sollen geteilt werden und auch über eine Verpflichtung zur Offenlegung von Steuergestaltungsmodellen wurde bereits im Ansatz nachgedacht. Auch im Bereich der Verrechnungspreise soll den Staaten durch das sog. Country-by-Country Reporting ein Überblick über bestimmte Kennziffern im Konzern (Gewinn, Steuern, wirtschaftliche Aktivitäten) ermöglicht werden, die für die Besteuerung relevant sind. Im Einzelnen ging es bei den 15 Aktionspunkten um Folgendes:[89]

Aktionspunkt 1
Herausforderungen für die Besteuerung der digitalen Wirtschaft[90]

Es sollen die Auswirkungen der Digitalisierung der Wirtschaft ermittelt werden und es soll überprüft werden, ob die derzeitigen Besteuerungsprinzipien dafür weiterhin sachgerecht und zielgenau sind. Da die Digitalisierung mittlerweile die gesamte Wirtschaft erfasst hat und es keine isolierbare „digitale Wirtschaft" gibt, wurde die internationale Einführung gänzlich neuer steuerlicher Anknüpfungsmerkmale nicht empfohlen. Stattdessen soll eine Anpassung bestimmter Aspekte der bestehenden Besteuerungsprinzipien (z.B. Betriebsstättenbegriff) erfolgen und die weitere technologische Entwicklung der Digitalisierung beobachtet werden, um künftigen Handlungsbedarf schnell ermitteln zu können.

Aktionspunkt 2
Neutralisierung der Effekte hybrider Gestaltungen[91]

Hier geht es um die Vermeidung einer Nullbesteuerung bei sog. hybriden Gestaltungen, d. h. bei grenzüberschreitenden Sachverhalten, die die unterschiedliche steuerliche Behandlung desselben Sachverhalts in mindestens zwei Ländern zur Steueroptimierung nutzen. Beispiel (zum deutschen Recht vor der Reaktion des deutschen Gesetzgebers): Die in Deutschland ansässige D-GmbH hält ein aktienähnliches Genussrecht (Eigenkapital) an einer im Ausland ansässigen Kapitalgesellschaft X-Co. Da das Ausland das Genussrecht als Fremdkapital behandelt, liegt ein hybrides Finanzinstrument vor. Zahlt die ausländische X-Co an die deutsche D-GmbH eine Genussrechtsvergütung, wird diese in Deutschland im Ergebnis zu 95 % von der Besteuerung freigestellt. Im Ausland kann die Zahlung hingegen als Betriebsausgabe zu 100 % steuermindernd geltend gemacht werden. Im Ergebnis unterliegt die Zahlung keiner (bzw. nur einer fünfprozentigen) Besteuerung. Vor diesem Hintergrund sollen die Staaten sicherstellen, dass eine Einmalbesteuerung erreicht werden kann, und zwar insbesondere durch die Entwicklung von sog. Verknüpfungsregeln, die die steuerliche Behandlung solcher Transaktionen in den betroffenen Staaten aufeinander abstimmen.

Aktionspunkt 3
Stärkung der Vorschriften zur Hinzurechnungsbesteuerung[92]

Die Ausnutzung des international uneinheitlichen Steuerniveaus (in Bezug auf den Steuersatz) durch Gewinnverlagerung soll durch die sog. Hinzurechnungsbesteuerung vermieden werden. Bei der Hinzurechnungsbesteuerung werden die Einkünfte ausländischer Gesellschaften den inländischen Gesellschaftern für steuerliche Zwecke zugerechnet, wenn die ausländischen Gesellschaften keiner tatsächlichen wirtschaftlichen Tätigkeit nachgehen. Die Tätigkeit wird dann im Ergebnis in etwa so besteuert, als hätte der Gesellschafter der ausländischen Gesellschaft die Tätigkeit im Inland vorgenommen.

Aktionspunkt 4
Begrenzung der Gewinnverkürzung durch Abzug von Zins- oder sonstigen finanziellen Aufwendungen[93]

Es besteht Einigkeit, dass der Gewinnverkürzung durch Steuergestaltungen im Zusammenhang mit Zinsaufwendungen und sonstigen finanziellen Aufwendungen (z. B. durch Verlagerung von Zinsaufwand in „Hochsteuerländer") entgegengewirkt werden soll. Steuerplanung mit Finanzströmen ist besonders einfach, weil Zinszahlungen in den meisten Staaten die steuerliche Bemessungsgrundlage mindern. Hierzu soll ein gemeinsamer Ansatz der Staatengemeinschaft zur Begrenzung der Gewinnverkürzung mit Hilfe von Abzugsbeschränkungen für Zinsen und ähnliche finanzielle Aufwendungen erarbeitet werden. Dieser Ansatz soll allerdings lediglich auf einer best practice-Untersuchung basieren. Dafür werden die Vor- und Nachteile verschiedener Arten von Regelungen in den einzelnen Staaten untersucht, empirische Daten zur Verschuldung von Konzernen und Unternehmen analysiert sowie Ergebnisse wissenschaftlicher Studien herangezogen. Ferner soll der Ansatz gewährleisten, dass die von einem Unternehmen in Abzug gebrachten Nettozinsaufwendungen unmittelbar mit den steuerpflichtigen Einkünften verquickt sind, die durch dessen wirtschaftliche Aktivitäten erzielt werden. Dadurch soll erreicht werden, dass die künstliche Trennung der steuerpflichtigen Einkünfte von den Aktivitäten, mit denen sie erwirtschaftet werden, aufgehoben wird.

Aktionspunkt 5
Wirksamere Bekämpfung schädlicher Steuerpraktiken unter Berücksichtigung von Transparenz und Substanz[94]

Der Aktionspunkt zielt auf die Einschränkung von unerwünschten Steuergestaltungsmöglichkeiten ab, was durch verschiedene Einzelmaßnahmen erreicht werden soll. Dabei kann es sich z. B. um Sondersteuerregelungen, die zur künstlichen Gewinnverlagerung genutzt werden können (v. a. durch sog. Patentboxen), aber auch um verbindliche steuerliche Zusagen, die die Staaten den Steuerpflichtigen im Vorfeld grenzüberschreitender Transaktionen erteilen (sog. Tax Rulings, siehe bereits oben), handeln. Insoweit soll ein Mindeststandard für die Privilegierung durch Sondersteuerregelungen gelten: Will der Steuerpflichtige die Vorteile einer solchen Sondersteuerregelung nutzen, muss er nachweisen, dass er selbst die entscheidenden, d. h. die Einkünfte generierenden Aktivitäten durchgeführt hat, die zur Erzielung der unter die Sondersteuerregelung fallenden Einkünfte notwendig sind (Erfordernis der wesentlichen Geschäftstätigkeit). Bei Patentboxen greift diesbezüglich ferner künftig der sog. Nexus-Ansatz: Die Aufwendungen im betreffenden Staat werden als Näherungswert für die wesentliche Geschäftstätigkeit verwendet. Dadurch soll gewährleistet werden, dass der Steuerpflichtige, der in den Genuss einer Sondersteuerregelung kommt, tatsächlich Forschungs- und Entwicklungstätigkeiten durchgeführt und für diese Aktivitäten effektiv Ausgaben getätigt hat. Außerdem soll ein gegenseitiger automatischer Informationsaustausch zwischen den Staaten in Bezug auf die Tax Rulings erarbeitet und durchgesetzt werden.

Aktionspunkt 6
Verhinderung von Abkommensmissbrauch[95]

Wie oben bereits erläutert wurde, werden Doppelbesteuerungsabkommen zwischen einzelnen Staaten abgeschlossen, um eine Doppelbesteuerung bei internationalen wirtschaftlichen Aktivitäten durch Zuweisung des Besteuerungsrechts an einen Staat zu vermeiden. Steuerpflichtige versuchen allerdings bisweilen, solche Abkommen und deren Zusammenwirken mit den jeweiligen nationalen Regelungen auszunutzen, um Steuern in den betroffenen Staaten nicht oder jedenfalls nicht in der richtigen Höhe zahlen zu müssen. Diesem Phänomen soll durch Empfehlungen für einen Mindeststandard zur Verhinderung von sog. Abkommensmissbrauch entgegnet werden, der in das OECD-Musterabkommen aufgenommen und, soweit möglich, durch ein sog. Multilaterales Instrument (siehe Aktionspunkt 15) in bereits bestehende, in Kraft befindliche Abkommen übernommen werden soll.

Aktionspunkt 7
Verhinderung der künstlichen Umgehung des Status als Betriebsstätte[96]

Wie ebenfalls bereits erläutert wurde, sehen Doppelbesteuerungsabkommen im Allgemeinen vor, dass die Gewinne eines ausländischen Unternehmens in einem Staat nur steuerpflichtig sind, soweit das betreffende Unternehmen in diesem Staat eine Betriebsstätte unterhält, der die Gewinne zugerechnet werden können. Daher ist die im Abkommen enthaltene Definition der Betriebsstätte von entscheidender Bedeutung. Die derzeitige Formulierung im OECD-Musterabkommen 2017 und den darauf basierenden DBA lädt allerdings teilweise zu künstlichen Steuergestaltungen ein, um das Vorliegen einer Betriebsstätte zu vermeiden. Insoweit soll der Betriebsstättenbegriff im OECD-Musterabkommen (z. B. Einordnung eines Auslieferungslagers als Betriebsstätte) aktualisiert werden.

Aktionspunkte 8–10
Gewährleistung der Übereinstimmung zwischen Verrechnungspreisergebnissen und Wertschöpfung[97]

Verrechnungspreisregelungen werden verwendet, um die Bedingungen und insbesondere den Preis von Geschäftsvorfällen innerhalb eines multinationalen Konzerns auf der Grundlage des Fremdvergleichsgrundsatzes zu bestimmen. Der Aktionspunkt soll diese Regelungen stärken, um eine missbräuchliche Verwendung von Verrechnungspreisen einzuschränken und um sicherzustellen, dass sich die Besteuerung der Unternehmensgewinne im Einklang mit der wirtschaftlichen Tätigkeit der Unternehmen und der daraus folgenden unternehmerischen Wertschöpfung in den jeweils betroffenen Staaten befindet. Der Schwerpunkt dieser Arbeiten liegt auf Verrechnungspreisrichtlinien zu Geschäftsvorfällen mit immateriellen Wirtschaftsgütern (Aktionspunkt 8), zur Zuordnung von Risiken und Kapital im Konzern (Aktionspunkt 9) und zu sonstigen risikoreichen Transaktionen (z. B. konzerninterne Dienstleistungen mit geringer Wertschöpfung, grenzüberschreitende Rohstoffgeschäfte; Aktionspunkt 10).

Aktionspunkt 11
Messung und Monitoring von Gewinnverkürzung und Gewinnverlagerung[98]

Die Beurteilung der vorliegenden Daten und Methoden zur Messung der Tragweite von Gewinnverkürzung und Gewinnverlagerung kommt zu dem Ergebnis, dass derartige Analysen derzeit durch Datenengpässe behindert werden und dass es besserer Daten und Methoden bedarf. Insofern sollen Methoden und Regelungen zur besseren Messung der Gewinnverkürzung und Gewinnverlagerung sowie zu deren Monitoring entwickelt werden.

Aktionspunkt 12
Verpflichtung der Steuerpflichtigen zur Offenlegung ihrer aggressiven Steuerplanungsmodelle[99]

Eine wachsende Zahl von Staaten verpflichtet Steuerpflichtige und deren Berater, aggressive Steuerplanungen gegenüber der Finanzverwaltung offenzulegen. Dadurch soll Steuerrisiken durch sachkundige Risikoabschätzungen, Prüfungen und Gesetzesänderungen rasch begegnet werden können. Gleichzeitig dürfen aber den Steuerpflichtigen und ihren Beratern keine übermäßigen Befolgungslasten aufgebürdet werden. Insofern soll ein modularer Rahmen mit auf Beispielen aus der Praxis beruhenden Anleitungen vorgelegt werden, um eine verbindliche Offenlegungsvorschrift ausarbeiten zu können.

Aktionspunkt 13
Überarbeitung der Verrechnungspreisdokumentation[100]

Im Zusammenhang mit Verrechnungspreisen müssen multinationale Unternehmen zahlreichen Dokumentationspflichten nachkommen. Die zutreffende Besteuerung dieser Unternehmen kann nur dann gewährleistet werden, wenn die Finanzverwaltungen die dazu notwendigen Informationen erhalten. Vor diesem Hintergrund sollen standardisierte Dokumentationsanforderungen für Verrechnungspreise (fort)entwickelt werden. Der sog. Master File gibt dabei einen Überblick über die globalen Geschäftstätigkeiten und die Verrechnungspreispolitik einer Unternehmensgruppe, während der sog. Local File eine detaillierte landesspezifische Dokumentation aller wesentlichen Geschäftsvorfälle eines Steuerpflichtigen mit nahestehenden Dritten, der Beträge, um die es bei diesen Geschäftsvorfällen geht, sowie der Analysen der Verrechnungspreisbestimmung, die das Unternehmen in Bezug auf diese Geschäftsvorfälle unternommen hat, enthält. Ferner sollen Änderungen beim sog. Country-by-Country Report vorgenommen werden. Hierbei handelt es sich um einen jährlichen Überblick für alle Steuerhoheitsgebiete, in denen multinationale Unternehmen einer Geschäftstätigkeit nachgehen, über die Höhe ihrer Einkünfte, ihrer Vorsteuergewinne sowie ihrer bereits gezahlten und noch zu zahlenden Ertragsteuern. Der Country-by-Country Report soll im Staat der obersten Muttergesellschaft einer Unternehmensgruppe eingereicht und automatisch über den schon bestehenden zwischenstaatlichen Informationsaustausch weitergeleitet werden.

Aktionspunkt 14
Verbesserung der Wirksamkeit von
Streitbeilegungsmechanismen[101]

Viele Staaten vereinbaren in ihren Doppelbesteuerungsabkommen, dass Verständigungsverfahren geführt werden können, um bei divergierenden Auffassungen über die Anwendung der Abkommen zu einem einheitlichen Verständnis zu kommen und im Einzelfall Doppelbesteuerungen zu beseitigen, die trotz der Abkommen eingetreten sind. Solche Verständigungsverfahren sollen verbessert werden durch die Vermeidung von Abkommenskonflikten im Voraus, durch eine wirksame und zeitnahe Streitbeilegung, durch die Erleichterung des Zugangs zu Verständigungsverfahren für den Steuerpflichtigen, durch die Einrichtung eines Monitoring-Mechanismus zur Überwachung der Staaten im Hinblick auf die Umsetzung und Einhaltung der vorgenannten Standards sowie insbesondere durch die Einigung einiger Staaten auf ein zwingendes und verbindliches Schiedsverfahren, sodass unabhängige Schiedsgerichte über die Einzelfälle entscheiden, bei denen sich die beteiligten Staaten nicht auf eine Lösung des Doppelbesteuerungskonflikts einigen konnten.

Aktionspunkt 15
Entwicklung eines Multilateralen Instruments[102]

Damit die abkommensbezogenen Maßnahmen gegen Gewinnverkürzung und Gewinnverlagerung hinsichtlich der Doppelbesteuerungsabkommen in der Praxis auch wirksam werden können, müssen die bestehenden Abkommen entsprechend modifiziert werden. Die dazu erforderlichen bilateralen Verhandlungen würden sich angesichts der großen Zahl der bestehenden Abkommen über einen langen Zeitraum hinziehen. Um diesen Prozess zu beschleunigen, soll ein Multilateraler Vertrag erarbeitet werden, der die bestehenden DBA ergänzt und die BEPS-Empfehlungen entsprechend den von den Vertragsstaaten getroffenen Auswahlentscheidungen implementiert. Dafür und zur Beobachtung der Wirkungsweise der implementierten Regelungen in der Praxis wurde das sog. „Inclusive Framework on BEPS" mit bereits über 100 Mitgliedstaaten eingerichtet. Diese Struktur ermöglicht auch zahlreichen weiteren Entwicklungs- und Schwellenländern die Teilnahme am BEPS-Projekt.

Mit dem BEPS-Projekt reagiert die Staatengemeinschaft in einem nie gekannten, breiten internationalen Konsens auf die Beobachtung der vergangenen Jahre, wonach multinationale Unternehmen im Vergleich zu vorwiegend national tätigen Unternehmen durch Ausnutzung unterschiedlicher Steuersysteme in zunehmendem Maße ihre Steuerlast auf ein Minimum senken. Die Ergebnisse des BEPS-Projekts zielen deshalb darauf ab, Informationsdefizite der Steuerverwaltungen abzubauen, Ausmaß und Ort der Besteuerung stärker an die tatsächliche wirtschaftliche Substanz zu knüpfen, die Kohärenz der einzelnen nationalen Steuersysteme der Staaten zu erhöhen und unfairen Steuerwettbewerb einzudämmen.

Dies ist im Grundsatz aus mehreren Gründen notwendig.[103] Natürlich hat BEPS primär nachteilige Folgen für den Fiskus, denn schädlicher Steuerwettbewerb und aggressive Steuergestaltungen führen zu Steuerausfällen, die sich die Staaten gerade in Zeiten notwendiger Haushaltskonsolidierung kaum noch leisten können. Es ergeben sich aber auch weitere Nachteile. So verringert sich die Wettbewerbsfähigkeit von Unternehmen, die solche Steuergestaltungen nicht nutzen und deswegen eine höhere Steuerlast tragen. Dies betrifft vor allem kleine und mittelständische Unternehmen, aber eben auch tendenziell europäische im Vergleich zu US-amerikanischen Unternehmen. Zudem ist ganz grundsätzlich das Gebot der in Deutschland auch grundgesetzlich verbürgten Steuergerechtigkeit betroffen, wenn einige wenige durch komplexe Konstruktionen ihre Steuerlast auf ein Minimum reduzieren und andere nach dem gesetzlichen Regelsteuersatz besteuert werden.

Viele Staaten der OECD haben nach der Verabschiedung und Drucklegung der Abschlussberichte zu den einzelnen Aktionspunkten vergleichsweise zügig begonnen, ihre nationalen Steuerrechte im Hinblick auf einzelne Ergebnisse des BEPS-Projekts anzupassen. Auch Deutschland machte da keine Ausnahme. Mit dem „Gesetz zur Umsetzung der Änderungen der EU-Amtshilferichtlinie und von weiteren Maßnahmen gegen Gewinnkürzungen und -verlagerungen" sollten insbesondere erste Empfehlungen des BEPS-Projekts sowie Änderungen der EU-Amtshilferichtlinie umgesetzt werden, soweit sie sich nicht auf abkommensbezogene BEPS-Maßnahmen (also Maßnahmen, die sachlich in einem DBA geregelt werden sollten) beziehen. Hierfür ist nämlich ausschließlich das Multilaterale Instrument nach Aktionspunkt 15 vorgesehen. Es steht freilich zu erwarten, dass weitere nationale „BEPS-Umsetzungsgesetze" folgen werden. Schwerpunkt des „ersten" BEPS-Umsetzungsgesetzes war dabei u.a. die nationale Umsetzung des oben genannten Country-by-Country Reportings im Hinblick auf die neuen Vorgaben von Seiten der OECD hinsichtlich der Verrechnungspreisdokumentation in einem entsprechend neu gefassten § 90 Absatz 3 der Abgabenordnung sowie die Umsetzung der Verpflichtung zur Erstellung von länderbezogenen Berichten (d.h. eines Country-by-Country Reportings) gemäß BEPS Aktionspunkt 13 in § 138a der Abgabenordnung.

Parallel zu den oben genannten Arbeiten der OECD hat auch die EU-Kommission ähnliche Problemfelder des internationalen Steuerrechts adressiert. Am 17.6.2016 erreichten die Mitgliedstaaten im ECOFIN, wie bereits im 7. Kapitel erläutert, eine politische Einigung über die sog. ATAD (Anti-Tax-Avoidance-Directive), die die Mitgliedstaaten verpflichtete, bis Ende 2018 bestimmte Missbrauchsverhinderungsmaßnahmen umzusetzen. Obwohl grundsätzlich die gleichen Themen wie im OECD-Aktionsplan gegen BEPS behandelt wurden, gab es in einigen Fällen abweichende Umsetzungen. Es handelt sich allerdings um eine „de minimis"-Richtlinie, d.h. es steht den Mitgliedstaaten grundsätzlich frei, strengere Regeln zu erlassen.

Die ATAD-Richtlinie soll ausdrücklich (nur) auf alle Steuerpflichtigen – einschließlich Betriebsstätten von Unternehmen aus Drittstaaten – anwendbar sein, wenn diese in einem oder mehreren Mitgliedstaaten der Körperschaftsteuer unterliegen. Die ATAD-Richtlinie enthält Vorgaben an die Mitgliedstaaten, vornehmlich in den folgenden Bereichen Missbrauchsverhinderungsvorschriften zu erlassen: Zinsabzugsbeschränkungen, Wegzugsbesteuerung (Exit Tax), Allgemeine Missbrauchsvermeidungsvorschrift, Hinzurechnungsbesteuerung und vergleichbare Systeme, hybride Gestaltungen (ohne doppeltansässige Gesellschaften).

Wir haben es bezüglich der ATAD-Richtlinie in mehrfacher Hinsicht mit einem Novum zu tun, was auch gleich schon die „neue Zeit" charakterisiert, in der wir uns steuerlich betrachtet wiederfinden. Das betrifft erstens die Zeit, in der die Richtlinie verabschiedet wurde. Von dem ersten Vorschlag bis zur politischen Einigung sind nur sieben Monate vergangen – das gab es noch nie auf EU-Ebene. Damit ist auch schon die zweite Besonderheit angesprochen, nämlich dass sich neben der OECD nun quasi ein zweiter Regelungsgeber einmischt, d. h. OECD und EU werkeln beide gleichzeitig, und man möchte fast meinen: nebeneinander, an demselben Projekt. Weiterhin handelt es sich bei der ATAD-Richtlinie um die erste Richtlinie im Bereich der direkten Steuern, die primär keine begünstigende Wirkung für den Steuerpflichtigen mit sich bringt, sondern in Wahrheit eine Belastung darstellt. Und schließlich ist zu bemerken, dass die Richtlinie, ebenfalls anders als die bisherigen Richtlinien im Bereich der direkten Steuern, keine Harmonisierung bis ins Detail, sondern lediglich einen Mindeststandard vorschreibt. Strengere Vorschriften, als es die Richtlinie vorsieht, bleiben den Mitgliedstaaten also unbenommen, was indes schnell (und aus der Erfahrung der Vergangenheit heraus leider allzu berechtigt) den Verdacht der „Rosinenpickerei" heraufbeschwört. Alle gegenüber dem Status quo steuerverschärfenden Regeln wird man ggf. unter Verweis auf die Umsetzungsverpflichtung zu rechtfertigen versuchen, während man alle gegenüber dem Status quo in der Richtlinie vorgesehenen, den Steuerpflichtigen begünstigenden Regeln unter Hinweis darauf nicht umsetzen wird, die Richtlinie sehe ja nur einen Mindeststandard vor.

Ein derlei einseitiges Umgehen mit gemeinschaftsrechtlichen Vorgaben allerdings schmälert den Wert des Projekts an sich, was schade ist, weil sich auch darüber grundsätzlich diskutieren ließe: Das BEPS-Projekt der OECD war zwar ein wahrhaft historisches, internationales steuerpolitisches Vorhaben. Seine Umsetzung ist es auch – sowohl auf der zeitlichen Schiene als auch inhaltlich. Innerhalb kürzester Zeit haben sich die Staaten, deren individuelle geostrategische Interessen teils gegensätzlicher nicht sein könnten, auf konkrete Ergebnisse geeinigt und schritten sodann nach gerade einmal zwei Jahren zu ihrer Implementierung. Dass die Sinnhaftigkeit des BEPS-Projekts durchaus bezweifelt werden darf, spielt daher angesichts seines Fortschritts zwar heute keine Rolle mehr. Dennoch: Valide empirische/quantitative Untersuchungen zu Gewinnverlagerungen lagen, entgegen den Behauptungen der OECD und auch des deutschen Bundesfinanzministeriums, kaum vor, und auch dass die Probleme, d. h. die BEPS-Ursachen, zu einem Gutteil in der Steuerpolitik und Steuergesetzgebung der Staaten selbst zu suchen sind, ist nunmehr müßig zu betonen.

Zu guter Letzt wird auch die Rechtsanwendung im Steuerrecht durch das BEPS-Projekt und seine Ergebnisse nicht einfacher werden. Bereits die oben genannte ATAD-Richtlinie wirft mehr Fragen auf als sie löst, und auch das im Aktionspunkt 15 behandelte Multilaterale Instrument wird die Lösung von praktischen, grenzüberschreitenden Steuerfällen nicht erleichtern. Aufgrund seiner elementaren Bedeutung für die Zukunft des internationalen Steuerrechts soll es dennoch nachstehend kurz skizziert werden, denn ein „weltweites Steuerabkommen" hat es historisch betrachtet in dieser Form und in diesem Ausmaß noch nicht gegeben.

Mit Datum vom 24.11.2016 hat die OECD den finalen Text einer „Multilateral Convention to Implement Tax Treaty Related Measures to Prevent BEPS" in englischer sowie französischer Sprachfassung veröffentlicht. Zudem wurde ein begleitendes „Explanatory Statement" erstellt. Eine „offizielle" deutsche Übersetzung hatte sodann das Bundesfinanzministerium in seiner Eigenschaft als OECD-Mitglied der entsprechenden Ad-hoc-Arbeitsgruppe zeitnah vornehmen lassen, die Ad-hoc-Arbeitsgruppe selbst hatte am 16. Mai 2017 sodann eine weitere deutsche Übersetzung angefertigt. Der deutsche Titel des Vertragswerks lautet danach nunmehr: „Übereinkommen zur Umsetzung steuerabkommensbezogener Maßnahmen zur Verhinderung der Gewinnverkürzung und Gewinnverlagerung".[104]

Das Multilaterale Instrument ist von immenser praktischer Bedeutung – das lässt sich heute schon absehen. Alle Steuerpflichtigen und Berater, die grenzüberschreitende Steuerfälle zu lösen haben, werden sich grundlegend damit befassen müssen, weil das Multilaterale Instrument in allen Steuerfällen, die einen konkreten DBA-Bezug haben, zu Rate zu ziehen ist. Innerhalb der Staatengemeinschaft, die das Multilaterale Instrument zeichnen wird, spricht man gar von über 1.000 DBA, die potenziell durch das Multilaterale Instrument betroffen sein könnten. Aus deutscher Perspektive allein sind es aufgrund der knapp über 90 in Kraft befindlichen DBA zwar deutlich weniger, aber gleichwohl wird es die Rechtsanwendung im Internationalen Steuerrecht auf eine nie gekannte Komplexitätsstufe heben, mit der alle Beteiligten inklusive der Finanzverwaltung selbst noch lange zu kämpfen haben werden.

Diese Komplexität ergibt sich zunächst aus der ganz praktischen Anwendung und ihren Problemen. Schon heute muss der Rechtsanwender neben zwei oder mehr nationalen Steuerrechten die Regeln eines DBA, die Auslegungshilfe in Gestalt des OECD-Musterabkommens und des OECD-Musterkommentars, sowie die zu einem DBA ergangenen Denkschriften, Protokolle und sonstige Nebenabreden beachten. Letztere enthalten nicht selten Überraschungen in Form von Ergänzungen zum Abkommenstext, weitere materielle Voraussetzungen oder sogar zum DBA kontradiktorische Äußerungen. Schon heute hat der Rechtsanwender also zuweilen Mühe, Sicherheit über das Inkrafttreten eines DBA oder zumindest seine Ratifizierung zu erhalten. Die Website des Bundesfinanzministeriums gibt hierüber, obwohl sie an sich länderbezogen aufbereitet ist und grundsätzlich viel Wissenswertes bereithält, keine oder jedenfalls nur sehr spät Auskunft.

Nun also tritt daneben noch das Multilaterale Instrument als gewissermaßen neuer Regelungskomplex, welcher künftig heranzuziehen ist, um zu prüfen, ob und wenn ja, in welchen Punkten ein konkret bestehendes DBA zwischen zwei Staaten durch das Multilaterale Instrument geändert worden ist. Hinzu tritt die oben bereits genannte ATAD-Richtlinie der EU, die materiell einige wichtige Punkte des BEPS-Projekts aufgreift und die sodann noch der Umsetzung in das nationale Recht der EU-Mitgliedstaaten bedürfen.

Zudem ist auch die Umsetzung des Multilateralen Instruments selbst eine rechtliche Herausforderung. Damit die vereinbarten BEPS-Maßnahmen zur Änderung von Doppelbesteuerungsabkommen in der Praxis wirksam werden können, müssen die bestehenden konkreten Abkommen entsprechend geändert werden (insbesondere hinsichtlich der Aktionspunkte 6 und 7). Die dazu erforderlichen bilateralen Verhandlungen würden sich angesichts der großen Anzahl der bestehenden Abkommen über einen (zu) langen Zeitraum hinziehen. Um diesen Prozess zu beschleunigen, sollte gemäß dem Aktionspunkt 15 des BEPS-Projekts und BEPS-Aktionsplans ein multilateraler Vertrag erarbeitet werden, der die bestehenden Doppelbesteuerungsabkommen „überschreibt" oder ergänzt und die abkommensbezogenen BEPS-Empfehlungen flächendeckend in diese Abkommen implementiert.

In den meisten Bereichen haben die beteiligten Staaten und Jurisdiktionen einen (teilweise sehr weiten) Spielraum, welche Änderungen sie in ihre DBA übernehmen wollen. Mehr als 100 Staaten haben ab Februar 2015 bei der Erstellung des Multilateralen Instruments mitgewirkt, immerhin 68 von ihnen haben am 6. Juni 2017 in Paris in einem ersten Schritt gezeichnet. Bemerkenswert und zugleich bedauerlich ist es allerdings, dass es zum Aktionspunkt 15 und damit anders als bei allen anderen BEPS-Aktionspunkten keine echte öffentliche Anhörung und auch keine Veröffentlichung eines Diskussionsentwurfs gab. Welche Zwecke die OECD damit verfolgte, erschließt sich nicht. Es darf allerdings die Frage gestellt werden, ob es der Sinn einer Organisation wie der OECD sein sollte, ausgerechnet bei einem so wichtigen und für die Praxis der Vertragsstaaten relevanten Projekt quasi „im Geheimen" zu operieren. Ein Gleiches gilt für das deutsche Bundesfinanzministerium, das in der Entstehungsphase des Multilateralen Instruments mit öffentlichen Informationen gelinde gesagt sehr zurückhaltend war und dessen Vertreter im Wesentlichen nur Allgemeinplätze von sich gegeben haben. Der – wichtige – fachöffentliche Diskurs kann so natürlich nicht geführt werden, aber möglicherweise war auch genau das beabsichtigt.

X.

Besteuerung der Internet-Giganten

In der Wirtschaft hat die Digitalisierung 1.0 inzwischen fast überall Einzug erhalten. Die „Digitalisierung der Wirtschaft" bzw. die nach erfolgter Digitalisierung folgerichtig offenbar „digitale Wirtschaft" genannte Wirtschaft ist entsprechend in aller Munde, wobei der Verfasser dieser Zeilen freimütig zugibt, die in diesem Zusammenhang im englischen Sprachraum anzutreffende weitere feinsinnige Unterscheidung zwischen „digitization", „digitalization" und „digital transformation" technisch und inhaltlich noch nicht bis ins Letzte nachvollzogen zu haben. Auch verwundert die Flut an Beiträgen und Überlegungen zu diesem Thema in steuerrechtlicher Hinsicht durchaus grundsätzlich, da doch die OECD im Rahmen ihrer breit angelegten Untersuchung zu BEPS in ihrem Aktionspunkt 1 (Besteuerung der digitalen Wirtschaft) bereits im Ausgangspunkt festgestellt hatte, dass es „die" digitale Wirtschaft als solche gar nicht gebe, weil sie sich nicht von der „übrigen" Wirtschaft unterscheiden lasse.[105]

Die Digitalisierung ist gleichwohl sowohl in der Besteuerungspraxis als auch in der wissenschaftlichen Diskussion über das Steuerrecht angekommen. Das Bundesfinanzministerium hat sich bereits in mehreren Symposien mit den Auswirkungen der Digitalisierung auf das Steuerrecht befasst. So behandelte etwa das am 8. Dezember 2017 in Berlin durchgeführte 5. Symposium zur Internationalen Steuerpolitik die Frage, wie digitale Geschäftsmodelle das Wirtschaftsleben verändern werden und hat anhand von praktischen Beispielen u. a. rund um 3D-Drucker und Robotik zumindest den Weg Richtung künstlicher Intelligenz aufgezeigt. Auch die Jahrestagung der Deutschen Steuerjuristischen Gesellschaft des Jahres 2018 in Köln stand unter dem Generalthema „Digitalisierung im Steuerrecht".

In der Presse der letzten Jahre freilich bewegte im Hinblick auf Digitalunternehmen konkret ein anderes Thema die Gemüter: Glaubt man jedenfalls so einigen Druckerzeugnissen der jüngeren Zeit, so schaffen vorzugsweise US-amerikanische IT-Großunternehmen Milliarden illegal außer Landes. Ganz so einfach liegt die Sache aber nicht. Ich werde im Folgenden anhand des Beispiels der Firma Apple verdeutlichen, worum es in dieser Diskussion geht. Wir wollen hierzu annehmen, dass ein deutscher Apple Store in einem Jahr einen nach deutschen Gewinnermittlungsvorschriften ermittelten Gewinn von 100 Millionen Euro erwirtschaftet. Normalerweise müsste der Apple Store, der in der Rechtsform einer deutschen GmbH geführt wird, daher diese 100 Millionen Euro in Deutschland mit Körperschaft- und Gewerbesteuer (im Ergebnis also mit rund 30 %) versteuern.

Bereits vor einigen Jahrzehnten allerdings hatten US-amerikanische Steuerberater dem Apple-Konzern ein Konstrukt vorgeschlagen, das unter Experten als „Double Irish with a Dutch Sandwich" bekannt ist. Das Konstrukt funktioniert in etwa so: Der Apple-Konzern mit Hauptquartier in Kalifornien hat einer auf den Bermudas ansässigen Gesellschaft (die ihrerseits ihre Geschäftsleitung in Irland hat) sämtliche Nutzungs- und Markenrechte übertragen, die Technologie des Konzerns außerhalb der USA zu vermarkten. Diese Bermuda-Gesellschaft hat sodann eine Tochtergesellschaft in den Niederlanden gegründet und dieser im Wege einer sogenannten Lizenz sämtliche Nutzungs- und Markenrechte übertragen, die Technologie des Konzerns in Europa zu vermarkten. Die niederländische Gesellschaft wiederum hat ihrer irischen Tochtergesellschaft im Wege einer Unterlizenz die gleichen Rechte eingeräumt. Letztere wiederum hat der deutschen Tochtergesellschaft im Wege einer weiteren Unterlizenz sämtliche Nutzungs- und Markenrechte (insbesondere an dem Firmennamen und Firmenlogo) übertragen, die Technologie des Konzerns in Deutschland zu vermarkten. Auf die Lizenzen müssen nun jeweils Lizenzgebühren gezahlt werden, die extrem hoch sind. Da das wirklich wertvolle Wirtschaftsgut von Firmen wie Apple im Wesentlichen die Marke ist (das iPhone selbst z. B. hat nur einen geringen Materialwert), argumentiert Apple natürlich auch, dass die Lizenzgebühr entsprechend hoch sein muss. In meinem Beispiel mit den 100 Millionen Euro Gewinn könnten daher z. B. 95 Millionen Euro als Betriebsausgaben den Gewinn mindern, und schon müsste Apple in Deutschland nur noch 5 Millionen Euro der Besteuerung unterwerfen. Die Lizenzgebühren werden dann über die Kette Irland – Niederlande – Bermudas bis in die USA hochgeschleust, in deren Verlauf die Gewinne nahezu unversteuert bleiben.

Ist das moralisch verwerflich? Vielleicht. Ist es strafbar? Nein. Zumindest nach bisheriger, zum Teil auch noch gegenwärtiger Rechtslage ist das, was da passiert, eine ganz legale Steuerplanung in einem Großkonzern. Legal in dem Sinne, dass keine Steuerhinterziehung vorliegt und auch nicht gegen andere Gesetze verstoßen wird, und zwar weder gegen nationale Gesetze, noch gegen internationale Regeln. Alle an dem Steuerkonstrukt beteiligten Staaten erhalten genau das Besteuerungssubstrat, welches sie nach den von ihnen erlassenen Gesetzen erhalten wollen. Deutschland war hier auch nicht nachlässig und hat auch nichts falsch gemacht. Das Problem liegt eher im Ausland. Wenn Staaten wie Irland, die Niederlande oder die USA die Lizenzgebühren nicht besteuern, haben die großen IT-Konzerne natürlich einen Wettbewerbsvorteil, weil ihnen mehr Mittel für Forschung und Entwicklung oder Reinvestitionen zur Verfügung stehen. Dass dies ungerecht ist, liegt auf der Hand, sodass hier an einer politischen Lösung gearbeitet werden muss.

Deutschland aber sollte, anders als es z. B. das Bundesfinanzministerium die Öffentlichkeit Glauben machen wollte, in das Lizenzsystem nicht mit einseitigen Regeln eingreifen. Wenn man versuchte, in diesen Fällen mehr vom Steuerkuchen in Deutschland zu essen, hieße dies, gerade mit international anerkannten steuerlichen Regeln zu brechen. Wenn nämlich umgekehrt ein ausländisches Tochterunternehmen den Markennamen einer inländischen Muttergesellschaft im Wege der Lizenzierung nutzt, wird die deutsche Finanzverwaltung stets argumentieren, es müsse ein angemessenes Entgelt für diese Markennutzung geleistet werden. Hierüber besteht im Recht der Verrechnungspreise, d. h. der Preise, die verbundene Unternehmen für Lieferungen und Leistungen miteinander vereinbaren, Einigkeit. Dann aber gilt im umgekehrten Fall, wie im eben vorgestellten Apple-Fall, eben auch das umgekehrte Ergebnis, nämlich dass im Wege von Lizenzen die inländische Bemessungsgrundlage herabgesetzt wird. Man kann sich natürlich immer über die Angemessenheit der Lizenzgebühr trefflich streiten, über das Grundprinzip als solches allerdings kaum.

Die Firma Apple steht hier als Pars pro Toto für eine bestimmte Fallgruppe von Internetkonzernen, nämlich eine Firma, die zwar ursprünglich im Kern „nur" Hardware verkauft, die aber zusätzlich auch eine ganze Reihe korrespondierender Software und Softwaredienstleistungen anbietet, die dann die reinen Hardwarekomponenten in den Hintergrund treten lassen und die eigentliche Wertschöpfung begründen. Wie wir im oben genannten Beispiel gesehen haben, besteht in diesen Fällen über die physische Präsenz der deutschen Tochtergesellschaft der ausländischen

Unternehmensgruppe im Inland ein steuerlicher Anknüpfungspunkt, der zu einer unbeschränkten Steuerpflicht dieser Tochtergesellschaft im Inland führt. Auch das Internetunternehmen wird also nach den für jede Kapitalgesellschaft geltenden Regeln (hier nach den Regeln der unbeschränkten Steuerpflicht) besteuert. Die sich in diesem Zusammenhang stellende Frage geht in steuerlicher Hinsicht deshalb allein dahin, ob durch konzerninterne Lieferungs- und Leistungsbeziehungen der inländische Gewinn zum Nachteil des deutschen Fiskus gemindert werden kann. Darüber lässt sich im Einzelfall zwar trefflich streiten, aber es ist schlicht unrichtig, dass Unternehmen, die auf die genannte Weise organisiert sind, sich über die konzerninternen Lieferungs- und Leistungsbeziehungen hinaus grundsätzlich der Steuerpflicht entziehen oder entziehen könnten.

Eine zweite Fallgruppe stellen ausländische IT-Unternehmen dar, die im Inland weder über eine Tochtergesellschaft, noch über eine für steuerliche Zwecke zu berücksichtigende Betriebsstätte verfügen. Die ebenfalls US-amerikanische Firma Google mag stellvertretend für diese Fallgruppe stehen. In Bezug auf die von dieser Firma betriebene, gleichnamige Internet-Suchmaschine besteht kein inländischer steuerlicher Anknüpfungspunkt, weil die im Inland ansässigen Nutzer lediglich eine über einen Webbrowser zur Verfügung gestellte Eingabemaske bedienen. Hiervon profitieren beide Seiten: Der Nutzer, weil er findet, was er sucht (und künftig sogar noch gezielter suchen kann, weil seine Suchpräferenzen gespeichert werden), und die Firma Google, weil die Suchmaschine mit jeder Eingabe weiter verbessert wird und die Eingabedaten Rückschlüsse auf weitere mögliche (kostenpflichtige) Angebote erlauben, die ggf. für den Nutzer interessant sein könnten.

Die beschränkte Steuerpflicht ist in Deutschland, aber auch in den meisten anderen Staaten gegenwärtig so ausgestaltet, dass Google mit den Dienstleistungen in Bezug auf die betriebene Suchmaschine nicht der Besteuerung unterliegt. Dies mag man zwar als misslich empfinden, aber – wie oben dargestellt – verhält es sich auch in anderem Zusammenhang so, dass der Katalog der inländischen Einkünfte in § 49 des deutschen Einkommensteuergesetzes lückenhaft ist. Es ist deshalb unzutreffend, wenn auch in der an sich seriösen Wirtschaftspresse berichtet wird, die ausländischen Internetkonzerne machten sich Steuerschlupflöcher gezielt zunutze oder betrieben gezielt Steuerplanung. Vielmehr ist es jedenfalls in der „Fallgruppe Google" so, dass deren gesamtes Geschäftsmodell mit den herkömmlichen steuerlichen Kategorien nicht in Deckung zu bringen ist und deshalb der im Gesetz angelegte Steuertatbestand nicht erfüllt wird. Die Beispiele Apple und Google stehen nun stellvertretend für eine Vielzahl weniger bekannter Internetfirmen, aber sie zeigen auch anschaulich, dass stets von Fall zu Fall exakt differenziert werden muss. Diese Differenzierung kommt in der medialen Berichterstattung und infolgedessen auch in der öffentlichen Wahrnehmung oft zu kurz.

Ohnehin stehen wir bei der Besteuerung von internationalen IT-Unternehmen immer noch ganz am Anfang: So wurde bereits vor vielen Jahren ernsthaft auf internationaler Ebene überlegt, ob solche Unternehmen etwa auf Basis des von ihnen in einem Land verwendeten Datenvolumens zu besteuern wären, ganz nach dem Motto: pro Gigabyte ein Euro. Über diesen Vorschlag wurde nie ernsthaft bis zum Ende diskutiert, aber dass man sich den Herausforderungen der Besteuerung der digitalen Wirtschaft stellen muss, ist evident. Der Grund hierfür liegt in den buchstäblich atemberaubenden technologischen Entwicklungen. Insbesondere in den letzten zwei Jahrzehnten hat sich die Informations- und Kommunikationstechnologie rasant entwickelt. Die Rechenleistung und Speicherkapazitäten konnten exponentiell gesteigert werden, die Herstellungskosten für Computer sind gesunken, Telekommunikationsnetze und das Internet haben sich verbreitet, Software und Datennutzung wurden optimiert.

Mit dieser Entwicklung und dem damit verbundenen Transformationsprozess haben Unternehmen ihre bestehenden Geschäftsmodelle angepasst und neue Modelle aufgestellt. Die so herausgebildete digitale Wirtschaft hat unter anderem folgende Geschäftsmodelle hervorgebracht, wie bereits in der Untersuchung der OECD zu BEPS in ihrem Aktionspunkt 1 (Besteuerung der digitalen Wirtschaft) zu lesen war und was oben bereits unter dem Blickwinkel des deutschen Steuerrechts angedeutet wurde:[106] (1) Beim sog. E-Commerce (das war „das" Schlagwort bereits der 1990er Jahre) werden Waren oder Dienstleistungen über digitale Netzwerke angeboten und dann online oder offline vertrieben (z.B. Alibaba oder Amazon als Online-Händler oder die Fa. Apple, die ihre Waren online und im Einzelhandel vertreibt). (2) Bei der sog. Online-Werbung werden Waren oder Dienstleistungen über das Internet beworben und die Betreiber der Websites generieren Werbeeinnahmen oder erhalten ein Entgelt für den Verkauf von Nutzerdaten (z.B. Google, Facebook). (3) In der sog. Sharing Economy werden über eine Internetplattform Waren oder Dienstleistungen ausgetauscht und die Vermittlungsplattform erhält eine Kommission (z.B. Airbnb, Uber). (4) Beim sog. Cloud Computing werden Computerdienstleistungen wie Rechenleistung, Speicher oder Software über das Internet angeboten (z.B. Amazon Web Services, Google, Microsoft).

Die digitale Wirtschaft zeichnet sich durch einige wesentliche Merkmale aus, welche aus steuerlicher Sicht von Relevanz sind. Waren und Dienstleistungen können grenzüberschreitend in unterschiedlichen Ländern einfach und schnell angeboten werden. Unternehmen können die Geschäftsfunktionen von einem zentralen Standort ausüben, und zwar ohne oder nur mit minimaler Präsenz von Personal im Absatzmarkt (Mobilität von Geschäftsfunktionen). Mit einer geringen Aufstockung von Personal können Unternehmen die Größe und Reichweite des Geschäfts steigern und maximieren (Scale without Mass). Nutzer können ihrerseits vergleichsweise einfach geschäftliche Transaktionen global tätigen (Mobilität von Nutzern). Im Weiteren spielt die Entwicklung und Nutzung von immateriellen Rechten (sowie eine genau dadurch zu beobachtende Abhängigkeit hiervon) eine große Rolle. Digitale Unternehmen sind häufig von Software abhängig und investieren in die Entwicklung von neuen Softwareprodukten. Zudem stellt die Sammlung und Verarbeitung von Daten, insbesondere von sog. Big Data, einen entscheidenden Faktor der digitalen Wirtschaft dar. Kundendaten werden zur Personalisierung der Werbung und Verbesserung des Sortiments ausgewertet. Schließlich sind Netzwerkeffekte für Unternehmen der digitalen Wirtschaft von hoher Bedeutung. Je mehr Nutzer vorhanden sind, desto größer ist der Wert des Netzwerkes (z.B. bei sozialen Netzwerken, Media-Sharing Sites).

Aufgrund der oben genannten Merkmale der digitalen Wirtschaft stellen sich derzeit die folgenden steuerlichen Probleme und Fragestellungen: Es stellt sich erstens die Frage nach der Bestimmung der Wertschöpfung (Value Creation) in den Geschäftsmodellen der digitalen Wirtschaft. Sind Nutzer und Daten als ein Teil der Wertschöpfungskette zu betrachten? Und wenn ja, welchen Anteil der gesamten Wertschöpfung digitaler Unternehmen machen Nutzer und Daten aus? Die Nutzer und die von ihnen zur Verfügung gestellten Daten im Quellenstaat werden gemäß den heutigen Steuerregeln nicht berücksichtigt. Sodann stellt sich zweitens die Frage, ob ein weiterer steuerlicher Anknüpfungspunkt oder eine digitale Steuer für die digitale Wirtschaft im Quellenstaat geschaffen werden muss. Unter den derzeit geltenden Steuerregeln kann ein Unternehmen im Absatzmarkt in einem anderen Land besteuert werden, wenn ein steuerlicher Anknüpfungspunkt in diesem Land besteht, z. B. aufgrund einer separaten Gesellschaft oder einer Betriebsstätte. Zur Begründung einer Betriebsstätte wird jedoch, wie im 2. Kapitel bereits erläutert wurde, eine physische Präsenz vorausgesetzt (d. h. eine feste Geschäftseinrichtung oder Mitarbeiter des Unternehmens vor Ort). In der digitalen Wirtschaft ist dagegen für die Geschäftätigkeit in einem anderen Land keine physische Präsenz mehr erforderlich, welche eine Steuerpflicht nach den herkömmlichen Besteuerungsregeln begründen würde. Eine Ausnahme hiervon bilden lediglich die Steuern auf den Konsum, insbesondere die Umsatzsteuer, die andere Anknüpfungsregeln kennt.

Drittens stellt sich die Frage nach der angemessenen und „gerechten" Besteuerung der digitalen Wirtschaft und der Aufteilung des Steuersubstrates im Ansässigkeitsstaat des Unternehmens und im Quellenstaat der Nutzer. Diese Fragen im Zusammenhang mit der Besteuerung der digitalen Wirtschaft stellen eine große Herausforderung für sämtliche involvierte Parteien dar: für die einzelnen Staaten, die Steuerverwaltungen sowie die Unternehmen.

Es ist unmittelbar einsichtig, dass eine Bewältigung dieser Problemstellungen möglichst nach einer globalen, international abgestimmten Lösung verlangt, um Wettbewerbsverzerrungen zu vermeiden. Die OECD selbst hatte sich bereits 1998 in ihren sog. Ottawa Taxation Framework Conditions[107] gewisse Leitlinien für die Besteuerung des E-Commerce gegeben, die sie ihren künftigen Initiativen im steuerlichen Bereich zugrunde legen wollte. Diese Leitlinien lassen sich unter fünf Überschriften zusammenfassen: (1) Neutrality: Die Besteuerung sollte sowohl für konventionelle als auch für elektronische Handelsformen sowie für in- und ausländische Unternehmen gleichermaßen ausgestaltet sein. (2) Efficiency: Die Compliance-Kosten für die Unternehmen und Verwaltungskosten für die Steuerbehörden sollten so weit wie möglich minimiert werden. (3) Certainty and Simplicity: Die steuerlichen Bestimmungen sollen möglichst klar und einfach zu verstehen sein, sodass Unternehmen die steuerlichen Konsequenzen im Vorfeld einer Transaktion voraussehen können. (4) Effectiveness and Fairness: Die Besteuerung sollte zum richtigen Zeitpunkt die zutreffende Belastung nach sich ziehen und das Potenzial für Steuerhinterziehung und -vermeidung sollte minimiert werden. (5) Flexibility: Die Steuersysteme sollten flexibel und dynamisch sein, um sicherzustellen, dass sie mit der technologischen und kommerziellen Entwicklung Schritt halten.

Sowohl die OECD, die EU als auch einzelne Länder haben das Thema der Besteuerung der digitalen Wirtschaft in der Folge aufgegriffen und es sich zum Ziel gesetzt, neue steuerliche Konzepte zu erarbeiten. Die OECD erarbeitete, wie bereits im vorhergehenden Kapitel erwähnt, im Rahmen des Projektes Base Erosion and Profit Shifting (BEPS) diverse Aktionspunkte zur Bekämpfung der Steuervermeidung und künstlichen Gewinnverlagerung. Dabei wurde – neben dem zentralen Aktionspunkt 1 – mit dem Aktionspunkt 7 (Preventing the Artificial Avoidance of Permanent Establishment Status) der Begriff der Betriebsstätte bereits in bestimmten Aspekten erweitert, um – unter anderem – den Entwicklungen im Bereich der digitalen Wirtschaft möglichst Rechnung zu tragen. Entsprechend wurden das OECD-Musterabkommen und der Kommentar dazu bereits im Jahr 2017 angepasst. Danach wird insbesondere gewissen Einrichtungen (Warenlager, Auslieferungslager, Einkaufsstellen oder Einrichtungen für die Informationsbeschaffung) die Qualifikation als Betriebsstätte nicht mehr automatisch, sondern nur noch abgesprochen, wenn die damit verbundene konkrete Tätigkeit effektiv eine Hilfstätigkeit oder eine Tätigkeit vorbereitender Art darstellt. Neuerdings kann deshalb beispielsweise ein Auslieferungslager eines Online-Detailhändlers im entsprechenden Land eine Betriebsstätte begründen.

Im Aktionspunkt 1 des BEPS-Projektes, welcher sich ausdrücklich mit den steuerlichen Herausforderungen der digitalen Wirtschaft befasst, wurden verschiedene Konzepte im Bereich der direkten Steuern besprochen, nämlich erstens die Einführung einer „digitalen Betriebsstätte" (digitale Präsenz, digitaler Nexus), zweitens die Einführung einer Quellensteuer auf bestimmte digitale Transaktionen und drittens die Einführung einer Ausgleichsteuer auf bestimmte digitale Dienstleistungen (Equalisation Levy). Die OECD beschloss, das Thema der Besteuerung der digitalen Wirtschaft weiterzuverfolgen, und veröffentlichte dazu im März 2018 einen Zwischenbericht.[108] Dieser Zwischenbericht enthielt jedoch noch keine konkreten Vorschläge, da zwischen den Ländern sehr unterschiedliche Positionen bestanden. Die OECD wollte jedoch zwei wesentliche Aspekte des internationalen Steuerrechts weiter untersuchen: erstens die Frage nach der Anknüpfung für eine Gewinnbesteuerung von Unternehmen (sog. Nexus, d. h. unter welchen Umständen ein Unternehmen in einem Land für die Ertragsteuer steuerpflichtig wird) sowie zweitens die Frage nach der Gewinnallokation (d.h. wie der Gewinn des Unternehmens zwischen den Ländern für die Besteuerung aufgeteilt wird). Die OECD beabsichtigte sodann, weitere Ergebnisse im Laufe des Jahres 2019 zu veröffentlichen und im Jahr 2020 einvernehmliche Lösungen zu präsentieren (Einzelheiten dazu sowie zum weiteren Zeitplan im nächsten Kapitel).

Die EU-Kommission ging im Vergleich zur OECD bereits einen Schritt weiter und veröffentlichte schon im März 2018 konkrete Vorschläge zur Besteuerung der digitalen Wirtschaft. Mit diesen Vorschlägen wollte die EU-Kommission unterschiedliche und einseitige Maßnahmen der EU-Mitgliedstaaten vermeiden. Die EU-Kommission ist der Ansicht, dass unter den jetzigen Steuerregeln die Wertschöpfung in der digitalen Wirtschaft (z.B. die Wertschöpfung durch die von Nutzern zur Verfügung gestellten Daten) nicht gebührend berücksichtigt wird und eine nicht gerechtfertigte Diskrepanz zwischen dem Ort der Wertschöpfung und dem Ort der Gewinnbesteuerung besteht. Unter dem Titel der „fairen Besteuerung der digitalen Wirtschaft" machte die EU-Kommission zwei Gesetzgebungsvorschläge:

Der erste Vorschlag war als langfristige Maßnahme gedacht und zielte auf die Einführung einer digitalen Betriebsstätte ab (sog. signifikante digitale Präsenz);[109] der zweite Vorschlag sollte von vornherein eine Übergangslösung sein und sah die Einführung einer Digitalsteuer auf Erträge aus bestimmten digitalen Dienstleistungen vor.[110]

Der Vorschlag zur signifikanten digitalen Präsenz würde es den EU-Mitgliedstaaten erlauben, Gewinne, die in ihrem Hoheitsgebiet erwirtschaftet werden, auch ohne eine physische Präsenz eines Unternehmens in ihrem Gebiet zu besteuern. Der Begriff des steuerlichen Anknüpfungspunktes der Betriebsstätte wird auf diese Weise erheblich erweitert. Eine virtuelle Betriebsstätte (signifikante digitale Präsenz) wird nach dem Richtlinienvorschlag in einem Mitgliedstaat angenommen, wenn eines der folgenden Kriterien erfüllt ist: jährliche Erträge von mehr als 7 Mio. Euro in einem Mitgliedstaat; oder mehr als 100.000 Nutzer in einem Steuerjahr in einem Mitgliedstaat; oder Abschluss von mehr als 3.000 Geschäftsverträgen über digitale Dienstleistungen zwischen dem Unternehmen und gewerblichen Nutzern in einem Steuerjahr. Diese Vorschriften sollen für Unternehmen unabhängig davon gelten, ob sie in einem Mitgliedstaat der EU oder in einem Drittland (z.B. in der

Schweiz) ansässig sind. Für einen Drittstaat gelten diese Vorschriften jedoch nur, wenn zwischen dem Drittstaat und dem betreffenden EU-Mitgliedstaat ein Doppelbesteuerungsabkommen besteht, welches eine vergleichbare Bestimmung zur virtuellen Betriebsstätte enthält. Unter den derzeit geltenden Doppelbesteuerungsabkommen der EU-Staaten, jedenfalls aber für Deutschland, findet sich jedoch noch keine solche Bestimmung. Folglich wäre zumindest vorerst das Konzept der virtuellen Betriebsstätte für Deutschland nicht anwendbar. Die EU-Kommission empfiehlt jedoch den Mitgliedstaaten, ihre Doppelbesteuerungsabkommen mit Drittstaaten im Hinblick auf die Einführung der digitalen Betriebsstätte anzupassen.

Der Vorschlag der EU-Kommission zur digitalen Betriebsstätte beinhaltet ebenfalls eine Regelung zur Gewinnallokation. In einer Funktionsanalyse sollen zunächst die wirtschaftlich signifikanten Tätigkeiten identifiziert werden. Dazu zählen unter anderem folgende Tätigkeiten: Erhebung, Speicherung, Verarbeitung, Analyse, Bereitstellung und Verkauf von Daten auf Nutzerebene; Erhebung, Speicherung, Verarbeitung und Anzeige nutzergenerierter Inhalte; Verkauf von Online-Werbeflächen; Bereitstellung von Inhalten Dritter über einen digitalen Marktplatz; Bereitstellung anderer digitaler Dienstleistungen. Der steuerbare Gewinn zwischen dem Unternehmen und der Betriebsstätte soll dann im Wege eines sog. Profit Splits aufgeteilt werden. Als Faktoren für die Aufteilung können Ausgaben für Forschung, Entwicklung und Vermarktung sowie die Zahl der vorhandenen Nutzer und erhobenen Daten verwendet werden. Die Einführung einer digitalen Betriebsstätte würde entsprechend zu einer Verschiebung der Besteuerung von Unternehmensgewinnen vom Ansässigkeitsstaat in den Quellenstaat und zu einer Zersplitterung des Steuersubstrates führen. Für die betroffenen Unternehmen bedeutet dies eine Zunahme der administrativen Kosten für die Tax Compliance und das Risiko von internationalen Doppelbesteuerungen.

Der zweite Richtlinienvorschlag sah Folgendes vor: Bis zur Einführung der digitalen Betriebsstätte soll eine Digitalsteuer auf Erträge aus bestimmten digitalen Dienstleistungen erhoben werden. Die Digitalsteuer – in der Presse z. T. auch „Google-Steuer" genannt[111] – ist steuersystematisch eine indirekte Steuer und wird unabhängig von einem Gewinn des Unternehmens erhoben. Sie soll sicherstellen, dass gewisse digitale Tätigkeiten, die derzeit nicht wirksam besteuert werden, direkte

Einnahmen für die EU-Mitgliedstaaten schaffen.[112] Die Steuer soll Erträge aus Tätigkeiten erfassen, bei denen die Nutzer eine wichtige Rolle bei der Wertschöpfung spielen und die mit den derzeitigen Steuervorschriften sehr schwierig zu erfassen sind, z. B. Erträge aus dem Verkauf von Online-Werbeflächen, Erträge aus digitalen Vermittlungsgeschäften, die Nutzern erlauben, mit anderen Nutzern zu interagieren, und die den Verkauf von Gegenständen und Dienstleistungen zwischen ihnen ermöglichen, Erträge aus dem Verkauf von Daten, die aus Nutzerinformationen generiert werden.

Der Steuersatz soll 3% auf den entsprechenden steuerbaren Erträgen betragen. Der Besteuerung unterliegen Unternehmen mit jährlichen weltweiten Gesamterträgen von 750 Mio. Euro und steuerbaren Erträgen in der EU von 50 Mio. Euro. Darunter fallen demzufolge die großen multinationalen Unternehmen, nicht jedoch kleine und mittlere Unternehmen oder die Start-up-Unternehmen. Falls die beiden vorgenannten Grenzwerte erfüllt werden, fallen unter die Digitalsteuer nicht nur Unternehmen mit Sitz in der EU, sondern auch Unternehmen mit Sitz in einem Drittstaat. Problematisch ist dabei insbesondere die Ausgestaltung als Verkehrsteuer, denn damit fällt aus der Sicht der meisten Mitgliedstaaten die Digitalsteuer nicht unter die geltenden Doppelbesteuerungsabkommen, die nur Steuern vom Einkommen und vom Vermögen erfassen. Zur Milderung der negativen Auswirkungen einer möglichen Doppelbesteuerung – da die entsprechenden Erträge jedenfalls auch den Ertragsteuern unterliegen – sollen die EU-Staaten den Unternehmen ermöglichen, die bezahlte Digitalsteuer als Kosten (Betriebsausgaben) von der Bemessungsgrundlage der Ertragsteuer abzuziehen.

Kaum waren die vorgenannten Vorschläge in der Welt, wurde allerorten Kritik laut. Einerseits auf politischer Ebene, denn insbesondere die Digitalsteuer wurde von einigen Staaten als konkrete Gegenmaßnahme zur jüngsten US-amerikanischen Steuerpolitik gewertet. Andererseits in der Fachwelt, denn beide Richtlinienvorschläge offenbarten schnell handwerkliche Fehler, Ungereimtheiten und eine weitgehende Unbestimmtheit. Zudem wurde die angedachte Digitalsteuer in Form einer indirekten Steuer abgelehnt, da die entsprechenden Gewinne bereits der Ertragsteuer unterliegen und die Digitalsteuer zu einer zusätzlichen Belastung der Unternehmen führen würde. Zudem sind bei konsequenter Anwendung der Umsatzsteuerregeln die Leistungen im B2B-Bereich (business to business) vom Leistungsempfänger zu besteuern und im

B2C-Bereich (business to customer) vom Leistungserbringer. Damit wäre jedenfalls die indirekte Besteuerung der digital erbrachten Leistungen ohnehin sichergestellt.

Die EU-Mitgliedstaaten waren sich außerdem in der grundsätzlichen Ausrichtung über die Vorschläge der EU-Kommission uneinig, insbesondere dahingehend, ob die Gesetzesvorschläge bereits vor einer langfristigen globalen Lösung der OECD eingeführt werden sollten. Eine politische Einigung über die beiden Richtlinien scheiterte jedenfalls am Einstimmigkeitserfordernis, vorgeblich um die Arbeiten auf OECD-Ebene abzuwarten. Einige Staaten haben sodann im Bereich der digitalen Wirtschaft einseitige Maßnahmen ergriffen. Bereits eingeführt haben zum Beispiel Israel und Indien eine digitale Betriebsstätte (Significant Economic Presence), und Indien, Italien und Ungarn haben sich innenpolitisch recht zügig auf eine indirekte Digitalsteuer auf Erträge aus bestimmten digitalen Dienstleistungen verständigt.

XI.

Der Verteilungskampf der 2020er Jahre

Die vorstehend beschriebenen, jahrzehntelangen (steuer)politischen und auch rein tatsächlichen Entwicklungen treffen nunmehr in den Jahren 2019/2020/2021 auf eine Welt, die sich ohnehin im Umbruch befindet und die auch viele Steuerpflichtige und zuvörderst die Unternehmen zutiefst verunsichert. Die Digitalisierung im Allgemeinen, die zunehmende Bedeutung und ständige Verfügbarkeit von Daten im Speziellen sowie ständig neue Technologien und damit einhergehende regulatorische Anforderungen führen dazu, dass sich traditionelle Wirtschaftszweige neu erfinden müssen und gänzlich neue Geschäftsmodelle entstehen. „Disruption" ist das neue Modewort dafür, auch wenn oft gar nicht klar ist, was sich eigentlich genau dahinter verbirgt. Nur macht die Disruption auch vor den Staaten nicht halt, die darauf zu achten haben, einerseits für den aufgrund der Digitalisierung anstehenden wirtschaftlichen und infrastrukturellen Veränderungsprozess ausreichend Steuereinnahmen zu erzielen und andererseits schon grundsätzlich vom „digitalen Zug" nicht abgehängt zu werden, denn dann würden die Unternehmen ohnehin nicht ausreichend für jährlich steigende Steuereinnahmen sorgen können. Beides bedingt sich also gegenseitig. Covid-19 hat diese Situation lediglich noch verschärft, ist dafür aber im Ausgangspunkt nicht spezifisch ursächlich.

Zunächst muss man aber sehen, dass es das gegenwärtig allerorten zu spürende Klima des Misstrauens den Unternehmen gegenüber nicht einfacher macht, dass die Bedingung auch aufgeht. Unternehmen, insbesondere international aufgestellte Unternehmen und am meisten international aufgestellte IT-Unternehmen, stehen heute unter einer Art öffentlichem Generalverdacht, Steuerflucht zu begehen. Dieser „Befund" wird auch nicht dadurch richtiger, dass er permanent in der Zeitung steht. Nach wie vor gilt zudem unverändert: Die Steuer ist die primäre Einnahmequelle des Staates, und Unternehmen können nur dann Steuereinnahmen erzielen, wenn sie auch (möglichst langfristig) wirtschaftlich erfolgreich sind. Ein „Unternehmens-Bashing" ohne Sinn und Verstand verfehlt deshalb ebenso das Ziel wie das sprichwörtliche Reiten des Pferdes, bis es tot ist.

Ein Umdenken muss stattfinden. Es sollte perspektivisch nicht das Ziel sein, aus den Unternehmen noch mehr Steuersubstrat herauszupressen. Die Besteuerung sollte vielmehr in ein wirtschaftliches Anreizsystem eingebettet werden, damit keine Zielkonflikte mit außersteuerlichen Zielen auftreten und damit die Unternehmen z.B. in Sachen Forschung und Entwicklung sowie in Sachen Digitalisierung konkurrenzfähig bleiben, z.B. durch beschleunigte Abschreibungen für Unternehmen, damit diese mehr investieren können.[113] Bis vor kurzem standen einige Politiker (und dem Vernehmen nach auch Vertreter des Bundesfinanzministeriums) leider auf dem Standpunkt, dass Steuerentlastungen erst in der nächsten Wirtschaftskrise vorgenommen werden sollten, während viele Ökonomen zu vorbeugenden Maßnahmen rieten, damit die Krise gar nicht erst kommt oder jedenfalls nicht ihre volle Kraft entfaltet. Nachdem nun allerdings mit Covid-19 eine Krise nie gekannten Ausmaßes über die Globalwirtschaft hereingebrochen ist, ist dieser Theorienstreit obsolet geworden. Angesichts der Heftigkeit der Krise hat sich indes auch das Bundesfinanzministerium lobenswert flexibel gezeigt und verwaltungsseitig diverse kurzfristig wirkende Maßnahmen angeordnet (so etwa die erleichterte Möglichkeit zur Gewährung von Steuerstundungen oder auch die Aussetzung von Betriebsprüfungen). Zudem hat das Bundeskabinett am 6. Mai 2020 mit dem Corona-Steuerhilfegesetz ein weiteres „Hilfspaket" auf den Weg gebracht, um Unternehmen und Beschäftigte in der Corona-Pandemie zu unterstützen.

Der (auch politisch) einfachste Weg, auf wirtschaftliche Veränderungen zu reagieren, besteht natürlich aus rein unilateralen Maßnahmen. Da jeder Staat seine eigene Steuerrechtssouveränität besitzt, kann jeder Staat sowohl seine Regeln zur unbeschränkten als auch zur beschränkten Steuerpflicht so zu justieren versuchen, dass „unter dem Strich" mehr Besteuerungssubstrat erzielt wird. Wie oben beschrieben, sind diesen Weg mehrere Staaten gegangen und haben unter dem „Label" der „Digitalsteuer" einseitig Quellensteuereinbehalte für digitale Leistungen eingeführt.[114] Derartige Alleingänge sind freilich meist inhaltlich nicht abgestimmt, weil sie kurzfristig wirken sollen. Die Digitalsteuern wurden mehrheitlich von technisch und wirtschaftlich hochstehenden Volkswirtschaften installiert, die über eine breite Internetabdeckung verfügen und einer Vielzahl recht zahlungskräftiger Kunden so die Nutzung von Internet-Dienstleistungen im weitesten Sinne ermöglichen.

Diese Staaten (z. B. Großbritannien, Frankreich, Südkorea, Argentinien, etc. – und wohl auch Deutschland) sehen sich als Verlierer der althergebrachten steuerlichen Verteilungsregeln, weil sie als Marktstaaten mit den bestehenden steuerlichen Anknüpfungspunkten, wie insbesondere der Betriebsstätte, nicht die Möglichkeit haben, die (aus ihrer Sicht) ausländischen Internetunternehmen angemessen zu besteuern. Die Profiteure der althergebrachten steuerlichen Verteilungsregeln sind hingegen insbesondere die USA und China, in denen die weltweit größten Internetkonzerne ansässig sind. Der strukturelle Nachteil von Alleingängen führte vor diesem Hintergrund dazu, dass sich eine Gruppe von Staaten zusammengetan hat, um in der OECD ihre Stimme dahingehend einzubringen, die Besteuerung der Digitalwirtschaft noch einmal näher in den Fokus zu rücken. Dies nimmt einerseits den BEPS-Aktionspunkt 1 aus 2015 auf, der leider nicht mit einer Empfehlung bzw. einem konkreten Ergebnis aufwartete, und andererseits wird damit der Hoffnung Ausdruck verliehen, dass eine breit angelegte, möglichst konzertierte Aktion der OECD-Mitgliedstaaten eine größere internationale Akzeptanz (selbst bei Nicht-OECD-Mitgliedern) finden würde.

So kam es dazu, dass die OECD in Zusammenarbeit mit dem „Inclusive Framework on BEPS" am 31. Mai 2019 das „Arbeitsprogramm zur Entwicklung einer abgestimmten Lösung für die sich aus der Digitalisierung der Wirtschaft ergebenden Herausforderungen bei der Besteuerung" in Form eines Arbeitspapiers herausgegeben hat.[115] Das Arbeitspapier geht dabei davon aus, dass bis Ende 2020 eine Einigung unter den OECD-Mitgliedstaaten erzielt werden kann. Abermals setzt die OECD sich und die Mitgliedstaaten damit unter einen objektiv betrachtet gekünstelt wirkenden, enormen Zeitdruck. Die „offizielle Begründung" dafür sind die „Drohungen" einzelner Staaten, im Falle einer fehlgeschlagenen internationalen Konsensbildung zu einseitig nationalen Maßnahmen überzugehen bzw. daran festzuhalten. Ob diese Begründung zutrifft oder nicht, lässt sich objektiv leider nicht überprüfen. Fakt ist aber, dass es angesichts der Komplexität des Themas völlig ausgeschlossen erscheint, dass selbst eine auf den ersten Blick international abgestimmte Lösung gegenüber dem bisherigen Recht für die einzelnen Steuerpflichtigen, aber auch gesamtwirtschaftlich für die einzelnen Staaten jedenfalls teilweise nicht völlig unabsehbare Folgen haben könnte. Fakt ist zweitens, dass eine einheitliche internationale Lösung tendenziell besser ist als eine Vielzahl einzelner Maßnahmen in verschiedenen Staaten, auch wenn zu konzedieren ist, dass die Vielgestaltigkeit der Steuersysteme den Steuerpflichtigen auch schon heute trifft und man in der Praxis damit recht gut umgehen kann. Aber Fakt ist drittens auch, dass eine internationale Einigung der europäischen Staaten und insbesondere von Deutschland „gegen die Vereinigten Staaten" keinen Sinn ergibt. Schon wird seitens der OECD vor einem „Steuerkrieg" gewarnt,[116] der wohl naheliegend schnell auch in einen Handelskrieg mit den USA münden würde. Daran kann man vernünftigerweise kein Interesse haben.

Das oben genannte Arbeitsprogramm der OECD skizziert verschiedene Maßnahmen, die methodisch auf zwei unterschiedlichen Ansätzen (sog. „Säulen") beruhen und auch unterschiedliche Zielsetzungen haben. Einerseits soll primär im Hinblick auf Unternehmen, die digitale Geschäftsmodelle unterhalten bzw. anbieten, die bisherige, international weitgehend akzeptierte und oben dargestellte Grundkonzeption bei der Verteilung der weltweiten Besteuerungsrechte überdacht und durch neuartige, innovative Besteuerungskonzepte ersetzt werden. Andererseits, und hier geht das Arbeitsprogramm über Unternehmen der Digitalwirtschaft hinaus, sollen die bisherigen Maßnahmen des BEPS-Projekts durch eine weltweite Mindestbesteuerung von Gewinnen flankiert werden. Das Arbeitsprogramm soll nachfolgend näher erläutert werden, auch weil es ganz maßgeblich die neue Weltsteuerordnung vorzeichnen wird.

Die sog. Säule 1 des Arbeitsprogramms ist zwar mit der Besteuerung der Digitalwirtschaft überschrieben, löst sich aber inhaltlich vom Aktionspunkt 1 des BEPS-Projekts insoweit, als sie auf die zugrundeliegenden Ursachen von Gewinnverlagerungen nicht näher eingeht.[117] Es werden inhaltlich drei neuartige Besteuerungskonzepte für Digitalunternehmen zur Diskussion gestellt, nämlich einmal das sog. User-Participation-Konzept, das Marketing-Intangible-Konzept und schließlich das Konzept einer Significant Economic Presence. Sodann werden diese drei Konzepte näher beschrieben und untersucht, indem jeweils drei unterschiedliche Aspekte herausgearbeitet werden, nämlich erstens die Art der anzuwendenden Gewinnaufteilungsmethode, zweitens die neuen Anknüpfungspunkte für die Besteuerung digitaler Leistungen und drittens flankierende Maßnahmen.

Zunächst zum sog. User-Participation-Konzept, das auf einen Vorschlag Großbritanniens zurückgeht. Es basiert auf der Idee, dass der Nutzer an der Wertschöpfung und Wertsteigerung des Unternehmens beteiligt ist, dessen Dienste er (gegen Entgelt) nutzt. Konkret bedeutet das: Jeder in Deutschland ansässige Nutzer, der bei der Suchmaschine Google ein Schlagwort eingibt, soll nach diesem Konzept mit seiner Suchanfrage die Präzision des hinter Google stehenden Algorithmus verbessern und infolgedessen den Unternehmenswert von Google steigern. Hoch digitalisierte Unternehmen schaffen damit eine weltweit auf viele Staaten verteilte „userbase", durch die Daten und Inhalte generiert werden und die deshalb die Besteuerung in diesen Staaten rechtfertigt. Die hiermit verbundene Wertschöpfung kann allerdings aufgrund einer zu geringen physischen Präsenz in den betroffenen Jurisdiktionen nach den bisherigen Besteuerungskonzepten nicht besteuert werden. Als Lösung wird deshalb vorgeschlagen, durch eine modifizierte Gewinnaufteilungsanalyse jenen Teil der Gewinne zu bestimmen, welcher durch eine Nutzeraktivität generiert wurde, und dieser Teil der Gewinne soll dann auf Basis einer vereinbarten Allokationsmetrik (z. B. Verkäufe oder Umsatz) auf die Staaten verteilt werden, in denen die Nutzer ansässig sind.

Das zweite Konzept, welches als „marketing intangibles approach" bezeichnet wird und insbesondere von den USA favorisiert wird, skizziert eine Situation, in der eine Unternehmensgruppe aus der Distanz durch gezielte Vertriebsaktivitäten und damit einhergehende Maßnahmen in die Wirtschaft eines Staates eingreift und dort eine Nutzer- oder Kundenbasis sowie andere „Marketing Intangibles" (d. h. immaterielle Werte, die aufgrund von Marketingaufwendungen eines Unternehmens entstehen) schafft, ohne dass diese Wertschöpfung besteuert werden kann. Auch hier ist der vorgeschlagene Lösungsansatz eine modifizierte Gewinnaufteilungsanalyse, bei welcher näherungsweise („mechanical approximations") der Gewinn bestimmt wird, welcher der Vermarktung immaterieller Güter zugewiesen werden kann. Dieser Gewinn wird in einem zweiten Schritt anhand einer vereinbarten Allokationsmetrik auf die Jurisdiktionen verteilt, in denen die Marketing Intangibles (immaterielle Vermögensgegenstände) generiert wurden.

Bei dem dritten vorgeschlagenen Konzept, welches als „significant economic presence approach" bezeichnet wird, würde – erstmals in der Geschichte des Steuerrechts und jenseits des bisherigen Betriebsstättenkonzepts – eine ökonomische Präsenz besteuert, sobald nachweisbar ist, dass eine beabsichtigte und kontinuierliche Interaktion (beispielsweise durch digitale Technologien) mit einem Staat besteht. Für die Bestimmung des zu besteuernden Gewinns wird diesbezüglich vorgeschlagen, dass die globale Gewinnmarge einer Unternehmensgruppe auf den Umsatz innerhalb der jeweiligen Jurisdiktion angewandt und darauffolgend unter der Berücksichtigung von gewissen Faktoren (z. B. Umsatz, Wirtschafsgüter, Angestelltenzahl oder auch die Größe der „userbase") modifiziert wird. Für die angemessene Allokation des Gewinns wird eine verteilende Zuweisungsmethode vorgeschlagen, bei welcher der zuvor bestimmte Gewinn anhand gewichteter Allokationsschlüssel auf die betroffenen Jurisdiktionen aufgeteilt und dort nach den nationalen Regeln besteuert wird.

Im Rahmen aller drei Konzepte müsste das (wie oben dargestellt seit Jahrzehnten) geltende Nexus-Prinzip verändert werden, damit die Jurisdiktionen das Besteuerungsrecht für die in ihrem jeweiligen Land generierte Wertschöpfung erhalten. Die diesbezüglichen Vorschläge sind die Modifikation oder Erweiterung der Definition einer Betriebsstätte oder aber die Einführung eines neuen, alleinstehenden Nexus im Hinblick auf digitale Leistungen, die gemäß der jeweils verwendeten Technologie noch näher zu definieren wären. Momentan ist im Rahmen eines sog. Unified Approach im Gespräch, sowohl den Anwendungsbereich der neuen Regelungen als auch den neuen Nexus über Umsatzschwellen einzuschränken. Generell sollen nur Konzerne erfasst werden, die im weitesten Sinne ein „consumer facing" betreiben. Alles, was geeignet ist, damit ein Verbraucher es nutzen kann, soll letztlich erfasst werden. Eine Eingrenzung auf rein digitale Unternehmen soll dabei indes nicht erfolgen, was den BEPS-Aktionspunkt 1 wiederaufnimmt: Die digitale Wirtschaft lässt sich heute nicht mehr von der rein realwirtschaftlichen Wirtschaft trennen.

Im Marktstaat sollen neben der dort überschrittenen Umsatzschwelle weitere Faktoren hinzukommen, wie z. B. Klickzahlen oder bestimmte, noch zu definierende Wertbeiträge von Nutzern, um zu einem Besteuerungsrecht des Marktstaates zu gelangen. Sind diese Voraussetzungen erfüllt, soll auf Basis eines noch zu definierenden Rechnungslegungsstandards ein Gesamtgewinn der Unternehmung ermittelt werden, der auf einer ersten Ebene zwischen Routinegewinnen und Nicht-Routinegewinnen unterscheidet. Darüber wird dann teilweise ein Verteilungsschlüssel über alle Marktstaaten gelegt, der für eine einheitliche Zuweisung der Besteuerungsrechte sorgen soll.

Liest man die Vorschläge zu Säule 1 unbefangen, so springen zwei Aspekte unmittelbar ins Auge: Der erste Aspekt betrifft die Tatsache, dass sich die „Besteuerung nach der Wertschöpfung", die eine der zentralen Leitlinien des BEPS-Projekts ausmachte, sich in der Begründung zu Säule 1 mit keinem Wort wiederfindet. Der zweite Aspekt betrifft die Tatsache, dass die OECD die Behauptung aufstellt, dass die Hochsteuerländer die Gewinner der bisherigen Vorschläge sein werden. Das ist prima facie zumindest erstaunlich, denn letztlich läuft die Säule 1 konzeptionell auf eine Besteuerung von Liefergewinnen hinaus, was für Exportnationen generell ein Problem darstellt.

Die sog. Säule 2 des Arbeitsprogramms soll – ebenfalls erstmals in der Geschichte des Steuerrechts – eine globale effektive Mindestbesteuerung von Unternehmensgewinnen sicherstellen.[118] Hintergrund dieser Idee, die auf einen deutsch-französischen Vorschlag zurückgeht, ist die Annahme, dass die Besonderheiten der digitalisierten Wirtschaft eine Verlagerung von Gewinnen in Niedrigsteuerländer ermöglichen und daher eine Begrenzung des Steuerwettbewerbs auf ein bestimmtes Mindestniveau rechtfertigen. In diesem Zusammenhang werden auf der OECD-Ebene aktuell zwei miteinander verbundene Maßnahmen diskutiert, nämlich einerseits eine Ausweitung der nationalen Regelungen zur Hinzurechnungsbesteuerung sowie andererseits eine Begrenzung bzw. ein Verbot des Betriebsausgabenabzugs, wenn ein effektives Mindestbesteuerungsniveau unterschritten wird. Die Auswirkungen dieser Maßnahmen auf die einzelnen Staaten und die Steuerbelastung der Unternehmen werden signifikant davon abhängen, wie das effektive Steuerniveau vor der Einführung der neuen Regeln war und welches globale effektive Mindestbesteuerungsniveau angestrebt wird. Gleichzeitig soll nämlich die volle Souveränität von Staaten, Steuersätze festlegen zu können, erhalten bleiben.

Der erste Baustein (d. h. die Ausweitung der nationalen Regeln zur Hinzurechnungsbesteuerung) sieht konkret vor, niedrigbesteuerte Gewinne von Auslandstöchtern eines Unternehmens dem Gewinn der Muttergesellschaft für deren Besteuerung wieder hinzuzurechnen und hierzu die nationale Hinzurechnungsbesteuerung nach dem Vorbild der US-amerikanischen „GILTI" (Global Intangible Low-Taxed Income) auszuweiten. Ob hierbei die hinzuzurechnenden Einkünfte auf das Steuerniveau des Sitzstaates der Muttergesellschaft hochgeschleust oder auf ein niedrigeres Steuerniveau besteuert werden, ist derzeit noch offen. Auf die Art der Einkünfte soll es ebenso wenig ankommen wie auf die Aktivität und die Substanz in der ausländischen, niedrig besteuerten Gesellschaft. Dies soll durch eine Anpassung der jeweiligen nationalen Steuergesetze erfolgen, bedarf aber auch einer internationalen Harmonisierung. Innerhalb der Europäischen Union wäre dies beispielsweise durch eine EU-Richtlinie denkbar und im Verhältnis zu Drittstaaten durch eine bilaterale Einigung im Rahmen eines Doppelbesteuerungsabkommens.

Der zweite Baustein sieht vor, dass der Betriebsausgabenabzug für Zahlungen in das niedrig besteuerte Ausland beschränkt werden soll. Nach dem Vorbild der im Rahmen der US-Steuerreform eingeführten „BEAT" (Base Erosion and Anti-Abuse Tax) soll diese Maßnahme gewinnmindernde Zahlungen an ausländische (verbundene) Unternehmen erfassen, die es zum Ziel haben, die inländische Steuerschuld zu verringern. Dabei soll der Gewinn des Unternehmens vor dem Abzug der besagten schädlichen Zahlung der Besteuerung unterliegen. Dies geht allerdings sehr weit über den bei Lizenzen bislang üblichen, zu berücksichtigenden Nexus-Ansatz hinaus und zeitigt, da er nicht gewinn-, sondern ausgabenorientiert ausgestaltet sein könnte, ganz erhebliche negative Auswirkungen mit überschießender Tendenz.

Die eben skizzierten Vorschläge zu Säule 2 weisen etwas präziser gefasst vier verschiedene Merkmale auf, die wie folgt rechtstechnisch umgesetzt werden sollen:

(1) Eine sog. „Income-inclusion"-Regelung, die es einem Staat erlaubt, bestimmte ausländische Einkünfte in seine Steuerbemessungsgrundlage einzubeziehen, wenn diese Einkünfte im Ausland unterhalb eines Mindestsatzes besteuert werden.

(2) Eine sog. „under-taxed payment"-Regelung, die es einem Staat ermöglichen soll, einen steuerlichen (Betriebsausgaben)Abzug zu versagen oder alternativ eine Quellensteuer zu erheben, wenn diese Zahlungen beim Empfänger in dessen Ansässigkeitsstaat nicht oder unterhalb eines Mindeststeuersatzes besteuert werden.

(3) Eine sog. „switch-over"-Regelung, die es einem Staat erlaubt, steuerliche Vorteile aus einem DBA für solche Niederlassungen/Betriebsstätten abzuändern, wenn deren Besteuerung im Ausland unterhalb eines Mindeststeuersatzes erfolgt.

(4) Eine sog. „subject-to-tax"-Regelung für jene Einkommensbestand-
teile, bei denen die zugrundeliegenden Zahlungen im Verhältnis zum
Mindestsatz unterbesteuert sind.

Die öffentlichen Anhörungen zu den beiden Säulen fanden am 21./22.
November 2019 bzw. am 9. Dezember 2019 in Paris statt. Nach den Aus-
wertungen der öffentlichen Diskussion und der eingereichten schriftli-
chen Stellungnahmen wird die OECD im Laufe des Jahres 2020 weitere
Stellungnahmen erarbeiten, die sodann in konkrete Handlungs- und
Umsetzungsempfehlungen an die Mitgliedstaaten münden sollen. Wichtig ist dabei zunächst die Erkenntnis, dass es Säule 1 und Säule 2 politisch
nur „im Paket" geben wird. Säule 1 basiert nämlich im Wesentlichen auf
den Forderungen derjenigen Quellenstaaten, die nach den klassischen
Anknüpfungskriterien für sich keine oder kaum Besteuerungsrechte
für digitale Leistungen reklamieren können. Die Säule 2 basiert hingegen auf den Forderungen der klassischen Ansässigkeitsstaaten und
dient gewissermaßen als Ausgleich für die Säule 1. Hier reihen sich dem
Vernehmen nach auch die USA und insbesondere Deutschland ein, das
zwar die Säule 1 politisch ablehnt, jedoch diese auch notfalls gegen eine
Kompensation akzeptieren würde.

Die OECD hatte dem Vernehmen nach von Anfang an beabsichtigt, bis
Ende Januar 2020 die aus den Konsultationen gewonnenen Erkenntnisse
in einem Leitlinienpapier zusammenzufassen, um dann in die weiteren
Detailarbeiten einzutreten. Am 31. Januar 2020 wurde das vom Inclusive
Framework on BEPS und damit unter Beteiligung vieler Nicht-OECD-
Staaten verfasste Papier online gestellt.[119] Das Inclusive Framework be-
kennt sich in dem Papier ausdrücklich zu den Vorarbeiten der OECD,
benennt aber die Rechtssicherheit bei möglichst geringer Komplexität als
zentrale Herausforderung der fortschreitenden Arbeiten. Zudem müsse
eine Vielzahl rechtstechnischer und politischer Fragestellungen gelöst
werden. So sei etwa die Abgrenzung und Unterscheidung der digitalen
Leistungen im Einzelnen schwierig, drohende Doppelbesteuerungen
müssten verhindert werden, und auch über verbindliche Streitbeile-
gungsmechanismen müsse verstärkt nachgedacht werden.

Für die weiteren Arbeiten an Säule 1 sollen nunmehr 11 Arbeitsgruppen
installiert werden, die ihre Berichte bis Ende 2020 vorzulegen haben.
Interessant ist in diesem Zusammenhang v.a. die Ankündigung, dass
die Säule 1 möglicherweise über ein weiteres multilaterales Steuer-

abkommen umgesetzt werden soll. Angesichts der Tatsache, dass die Bundesrepublik Deutschland das Multilaterale Instrument, mit dem die abkommensbezogenen Maßnahmen des BEPS-Projekts umgesetzt werden sollten, fast vier Jahre nach seiner Verabschiedung immer noch nicht ratifiziert hat, wird man hoffen dürfen, dass der Druck rein faktisch am Ende doch nicht aufrechterhalten wird. Für die Säule 2 enthält das Papier vom 31. Januar 2020 lediglich einen Fortschrittsbericht, der den aktuellen Stand der Diskussion in Bezug auf die globale Mindestbesteuerung zusammenfasst. Aber auch hier gehen die Gespräche zügig weiter. Das Inklusive Framework kommt am 1./2. Juli 2020 wieder in Berlin zusammen, und die finale Verabschiedung des Arbeitsprogramms ist für den 21./22. November 2020 angestrebt.

Insofern setzt sich der enorme Zeitdruck, den sich die OECD bzw. die teilnehmenden Staaten selbst setzen, auch bei diesem Projekt fort. Das darf durchaus als steuerrechtliches Himmelfahrtskommando bezeichnet werden. Selbst den politischen Vertretern derjenigen Staaten, die versuchen, mit der Androhung unilateraler Quellensteuern Druck auf die OECD auszuüben, sollte einleuchten, dass sich komplexe Probleme nicht in Windeseile und mit einfachen Lösungen bewältigen lassen.

XII.

Der Kompromiss der 2020er Jahre?

Die vorstehenden Kapitel sollten verdeutlicht haben, dass die Digitalisierung auch das Steuerrecht in gehörige Aufruhr versetzt hat. Der derzeit tobende Verteilungskampf um Besteuerungsansprüche zwischen den Staaten der Welt, für den nach den Vorsätzen der OECD bis Ende des Jahres 2020 Ergebnisse oder jedenfalls „Spielregeln" vorliegen sollen, ist einerseits ein Kampf um (steuerrechtliche) Prinzipien, denn es geht darum, lange eingeführte und bewährte Anknüpfungspunkte für die Besteuerung vor allem im Bereich der beschränkten Steuerpflicht zu überdenken und anzupassen. Unter welchen Bedingungen Digitalunternehmen in einem Staat, in dem sie über keinerlei physische Präsenz verfügen, allein aufgrund ihrer dort angebotenen digitalen Leistungen besteuert werden sollten und dürfen, ist zweifelsohne eine Frage, die man stellen muss. Völlig neuartige Geschäftsmodelle verlangen zwangsläufig nach neuartigen Besteuerungsregeln. Andererseits ist der Verteilungskampf aber auch schlicht ein Kampf um Geld, denn jede verdiente Geldeinheit sollte und darf idealerweise nur einmal besteuert werden. Und es geht dabei um viel Geld: Allein in den 36 Staaten der OECD zahlen die Unternehmen derzeit ca. 1,2 Billionen Dollar Steuern.

Leider neigen nun Menschen, aber auch Staaten (die von Menschen regiert und verwaltet werden) dazu, nicht mehr lediglich rational zu handeln, wenn es um das liebe Geld geht. Der lehrbuchmäßige Homo oeconomicus tritt dann zunehmend in den Hintergrund, wie etwa der Nobelpreisträger *Daniel Kahnemann* in Experimenten nachgewiesen hat.[120] In dem hier interessierenden Zusammenhang des internationalen Steuerrechts werden die Prinzipien daher oft vorschnell den rein monetären Interessen geopfert. Wir beobachten, dass gerade diejenigen Staaten, die die gegenwärtigen Besteuerungsregeln für Internetunternehmen als allzu unfair empfinden, zu Alleingängen und schnellen Insellösungen neigen, ohne dass das an sich konsentierte Prinzip, dass Doppelbesteuerungen zu vermeiden sind, nähere Beachtung fände. Ein breitflächiger, internationaler Konsens wird dadurch natürlich erheblich erschwert.

Dass die Welt der Wirtschaft derzeit generell im Umbruch ist, ist in diesem Zusammenhang schon gar nicht zielführend (und die Corona-Pandemie hat die Lage wahrlich nicht verbessert). Globalisierung und Digitalisierung hinterlassen ihre Spuren in den Rechts- und Wirtschaftsräumen der Staaten. Die Globalisierung, die die Welt inzwischen mindestens ebenso verändert hat wie seinerzeit die Industrialisierung in der zweiten Hälfte des 18. Jahrhunderts, ist dabei zwar schon recht weit vorangeschritten. Sie begegnet aber zunehmend Widerständen und Problemen, weil Globalisierung, Nationalstaat und Demokratie in einem unauflöslichen Spannungsfeld stehen. „Globalisierungstrilemma" hat der gebürtige Türke und langjährige Harvard-Professor *Dani Rodrik*, einer der angesehensten und meistgelesenen Entwicklungsökonomen der letzten Jahre, dies unlängst genannt, und meint damit, dass alle drei Ziele gleichzeitig nicht zu verwirklichen seien.[121]

Den Überlegungen *Rodriks* liegt das Problem zugrunde, das es die Staaten bislang nicht geschafft haben, dem angestrebten globalen Freihandel auch einen globalen rechtlichen und wirtschaftlichen Ordnungsrahmen zu geben. Vielmehr ist zu beobachten, dass die Staaten versuchen, die Globalisierung der nationalen Märkte hin zu einem wahrhaft internationalen Markt mit den Methoden des nationalen Rechts bzw. der nationalen Ökonomien zu regulieren, weil eine zu weitreichende Übertragung von Befugnissen auf eine höhere Ebene (beispielsweise die EU oder die WTO) gegen das Demokratieprinzip verstoßen würde. Insofern ist es an der Politik, die gegenläufigen Interessen sensibel auszutarieren und auf der Basis rechtsstaatlicher Prinzipien zu trag- und zukunftsfähigen Lösungen zu gelangen. Wenn jetzt die Finanzverwaltungen der Staaten für eine international abgestimmte, einheitliche Lösung für die Besteuerung von Internetkonzernen plädieren, dann wird dies zwangsläufig ein außenpolitischer Kompromiss, der einerseits mit dem jeweils nationalen Steuerrecht in Deckung gebracht werden muss, der aber andererseits auch zwangsläufig bedeutet, dass es keine nationalen Alleingänge geben darf. Die Staaten geben daher ein Stück weit Entscheidungskompetenzen aus der Hand. Entscheiden sich die Staaten umgekehrt für nationale Alleingänge, wird dem globalen Phänomen der als unfair empfundenen Besteuerung der Digitalkonzerne nicht ausreichend Rechnung getragen. Systematische Inkonsistenzen drohen, die ggf. gar noch mehr Spielraum für Steuergestaltungen bieten.

Das „Globalisierungstrilemma" gilt deshalb in dem hier interessierenden Zusammenhang auch für das internationale Steuerrecht und auch, wenn auch in ganz anderem Gewand, für die Digitalisierung im Allgemeinen. Die sog. digitale Transformation wird unsere Gesellschaft mindestens ebenso revolutionieren wie seinerzeit der Buchdruck, der im 15. Jahrhundert von *Johannes Gutenberg* erfunden wurde. Althergebrachte Wertschöpfungsketten und Geschäftsmodelle werden jedenfalls von dieser Transformation überrannt und in Teilen obsolet werden. Die Welt der Wirtschaft wird sich neu erfinden müssen, neue rechtliche, steuerliche und wirtschaftliche Probleme werden die Folge sein. Übrigens: Wer heute schon meint, dass sich die digitale Welt in Form permanenter Updates und neuer Technologien (Beispiel: „Amazon Echo") viel zu schnell verändert und wer sich heute schon, sei es objektiv gerechtfertigt oder nicht, durch diese Entwicklung abgehängt fühlt, wird in 50 Jahren festgestellt haben, dass diese Veränderung nie langsamer verlief als heute.

Schlussendlich verändert sich zu allem Überfluss auch noch die politische Großwetterlage. Die Rechts- und Wirtschaftsordnung, wie wir sie seit dem Ende des Kalten Krieges kannten, wird gegenwärtig radikal aufgebrochen. Die Achsen USA-Russland und USA-China werden neu definiert werden, und diejenigen Organisationen, die international betrachtet seit Jahrzehnten für Stabilität und Ordnung gesorgt haben (etwa die NATO), werden sich neu erfinden müssen. Der Brexit ist nun rechtlich endgültig beschlossen und in der Vollzugsphase, die Türkei entfernt sich immer weiter von der EU und der politische Rechtsruck in einigen Ländern Europas verheißt auch nichts Gutes.

Weitere Entwicklungen kommen hinzu, die perspektivisch einen wohlbedachten, ausgewogenen Kompromiss bei der Verteilung der Besteuerungsansprüche zwischen den Staaten zwar hoffentlich nicht verhindern, aber doch erheblich erschweren werden. In steuerlicher Hinsicht beispielsweise haben die EU und v. a. die OECD inzwischen eine Machtfülle auf einem historischen Höchststand erreicht, was indes nicht uneingeschränkt zu begrüßen ist. Es dürfte zwar unbestritten sein, dass sowohl die OECD als auch, vor allem in jüngerer Zeit, die EU einen ganz erheblichen Einfluss auf das internationale Steuerrecht zeitigen. Dies gilt global betrachtet im Allgemeinen, aber auch für das deutsche internationale Steuerrecht im Besonderen. Insbesondere die OECD hat sich, wie oben dargestellt, über das OECD-Musterabkommen und den dazugehörigen Kommentar weltweit um eine allseits annehmbare Verteilung von Besteuerungsansprüchen verdient gemacht, und die EU nutzt unlängst vermehrt ihre Richtlinienkompetenz, um auch im bisher eher stiefmütterlich behandelten Bereich der direkten Steuern das Heft des Handelns in die Hand zu nehmen.

Indes: Die OECD ist keine demokratisch legitimierte Organisation, und auch bei der EU als supranationaler Organisation besteht allenfalls eine sehr mittelbare demokratische Rechtfertigung, was der ehemalige Vizepräsident des Bundesverfassungsgerichts *Ferdinand Kirchhof* kürzlich sehr treffend als einen Bereich „demokratieferner Rechtssetzung" bezeichnet hat.[122] Hinsichtlich der EU mag dieser Befund überraschend klingen, zumal dort, anders als bei der OECD, für die EU-Mitgliedstaaten teilweise verbindlich Recht gesetzt wird. Die Kritik entzündet sich aber weniger an der eben angesprochenen, mitunter sehr mittelbaren formalen Legitimation als vielmehr an der Beobachtung, dass sich die rechtssetzenden Vertragsorgane der EU einer öffentlichen, transparenten Diskussion über geplante „Gesetzesvorhaben" weitgehend entziehen und dass eine echte Mitwirkung z. B. des Deutschen Bundestages, wie *Ferdinand Kirchhof* ebenfalls treffend anmerkt, allein aufgrund der EU-basierten Normenflut faktisch gar nicht stattfinden kann.

Dieser Grundkonflikt ist nicht neu, aber er wird aufgrund zweier jüngerer Entwicklungen befeuert. Zum einen scheinen beide Organisationen nicht ausreichend und auch nicht rechtzeitig miteinander zu sprechen – es gibt erheblichen Abstimmungsbedarf und auch ganz offensichtliche Friktionen etwa zwischen dem BEPS-Projekt der OECD und europarechtlichen Regelungen, die ähnliche Sachbereiche zu regeln versuchen. Zum anderen bringen auf den Podien von steuerlichen Diskussionsfachveranstaltungen prominent auftretende „Angehörige" der OECD und der EU-Kommission oftmals neue, sehr folgenschwere Vorschläge in die Diskussion ein, die dann zunächst die Fachwelt in Aufruhr versetzen, wie es v. a. im Bereich der sich in aller Munde befindlichen Digitalisierung oder auch bei der jüngsten Idee einer globalen effektiven Mindeststeuer zu beobachten ist. Insbesondere der OECD-Direktor für Steuerpolitik *Pascal Saint-Amans* inszeniert sich gerne als „Ritter im weißen Gewand" beim Kampf gegen Steuerhinterziehung und Steuerflucht – die Erstunterzeichnung des Multilateralen Instruments im Juni 2016 in Paris unter der Teilnahme von 68 Staaten hätte medial jeder Oscar-Verleihung zur Ehre gereicht, auch wenn die Ergebnisse bei Lichte betrachtet überschaubar waren. Ein solches Spektakel allerdings steht einer internationalen Organisation, die mit öffentlichen Geldern finanziert wird, kaum gut an.

Auf EU-Ebene sieht es nicht viel besser aus. Die handelnden Personen bleiben dort zwar meist lieber gleich im Verborgenen, dafür haben es die „Arbeitsergebnisse" in sich: Durch die Veröffentlichung der sog. DAC 6-Richtlinie (Änderungsrichtlinie 2018/822/EU) am 25. Juni 2018 im Amtsblatt der EU werden neuerdings beispielsweise sog. Intermediäre verpflichtet, bestimmte Steuergestaltungen ab dem 25. Juni 2018 an ihre nationalen Steuerbehörden zu melden. Der Versuch allerdings, die meldepflichtigen grenzüberschreitenden Steuergestaltungen in verständliche, nachvollziehbare und nicht zuletzt „gerichtsfeste" Sprache zu fassen, ist gründlich misslungen. Die Richtlinie, natürlich mit heißer Nadel gestrickt, wimmelt von unbestimmten und auslegungsbedürftigen Rechtsbegriffen, sie ist teilweise widersprüchlich und zuweilen schlicht nicht zu Ende gedacht. Gerade hier sind wir an der Grenze dessen bzw. eigentlich schon darüber hinaus, was Sprache zu leisten imstande ist, und dennoch wird hierauf keine Rücksicht genommen. Allerdings heiligt der Zweck nicht immer die Mittel. Steuerrecht ist Eingriffsverwaltung. Da muss nach Tatbestand und Rechtsfolge feststehen, was vom Bürger erwartet wird, damit er sein Verhalten daran ausrichten kann. Verlässlichkeit und Rechtssicherheit sind Werte an sich, die nicht ohne Not auf dem Altar der neuesten Mode, die aus Paris oder Brüssel kommt, geopfert werden sollten.

Diese Entwicklungen sollten hoffentlich bald zu einem Ende kommen. Sie dienen weder guter Steuergesetzgebung im Sinne eines demokratischen Entscheidungsprozesses, noch der inhaltlichen Konsistenz von bestehenden und künftigen Einzelregelungen, noch der Akzeptanz der Regelungen beim Steuerpflichtigen – und vermutlich nicht einmal in jedem Fall dem Bestand oder gar der Vermehrung der deutschen Steuerbemessungsgrundlage.

Das wirklich Bemerkenswerte an diesem Befund ist aber, dass die Nationalstaaten beide Organisationen weitgehend gewähren lassen. Die Gründe hierfür sind m.E. einerseits darin zu sehen, dass es den oft proklamierten „erheblichen politischen Druck" aufgrund der Komplexität der Materie per se gar nicht gibt und dass den nationalen Finanzbehörden daher faktisch eine ungerechtfertigte Machtfülle zukommt, andererseits innenpolitisch kaum zu rechtfertigende „Verwaltungsungeheuer" unter Hinweis darauf abgetan werden, dies habe schließlich die EU zu verantworten. Die Tatsache, dass auf EU-Ebene bekanntlich das Einstimmigkeitsprinzip gilt, wird dabei gerne vernachlässigt. Bei der OECD freilich liegen die Dinge deshalb etwas anders, weil aus den dort beschlossenen Programmpunkten meist keine unmittelbare Umsetzungsverpflichtung für die Mitgliedstaaten folgt. Es ist aber Fakt, dass Deutschland bei vielen der oben genannten Entwicklungen der jüngeren Zeit eine Vorreiterrolle eingenommen hat, sei es beim BEPS-Prozess, sei es in Bezug auf die Digitalisierung – und dennoch wurden nachteilige Entscheidungen gegen den Steuer- und Wirtschaftsstandort Deutschland sowie die deutsche Wirtschaft letztlich mitgetragen. Man darf dabei nicht vergessen: Jedenfalls die EU-Richtlinien gäbe es ohne die Zustimmung Deutschlands aufgrund des Einstimmigkeitsprinzips nicht!

Aber auch im Bereich der nationalen Steuergesetzgebung liegt einiges im Argen. Im Deutschen Bundestag entscheidet der Lehrer über landwirtschaftliche Subventionen, der Physiker über Bildungsfragen und der Anwalt über den Rückbau von Atommeilern. Das ist sicherlich eine Schwäche unseres Demokratiesystems, aber es gibt durchaus auch gute Argumente gegen „Fachparlamente" (z.B. das Auswahlproblem). Andererseits ist es wenig beruhigend, zu wissen, dass bei den wirklich „großen" Problemstellungen unserer Zeit nahezu kein Parlamentarier weiß, worüber er eigentlich entscheidet und was seine Stimmabgabe genau bedeutet. Das gilt beim „Rettungsschirm" für Griechenland genauso wie für den Umbau des Sozialsystems. Es gilt aber auch für das Steuerrecht. Welche Konsequenzen und Folgefragen sich aus der Änderung einer speziellen Norm im Umwandlungsteuergesetz für das Zusammenwirken mit anderen steuerlichen Regelungen ergeben, können jedenfalls Volksvertreter ohne steuerliche Vorbildung nicht einmal mehr im Ansatz ermessen.

Dieser Befund führt nahezu zwangsläufig zu einer Situation, in der den die Gesetze vorbereitenden Fachbehörden (im Steuerrecht meist Bundesministerien) eine Machtfülle zukommt, die im Grundgesetz so nicht vorgesehen ist. Abermals *Ferdinand Kirchhof* fasst dies wortmächtig wie folgt zusammen: „Gesetzentwürfe des Bundes werden fast ausschließlich von der Regierung formuliert. Wenn ein Vorschlag 'aus der Mitte des Bundestages' (Artikel 76 Absatz 1 Grundgesetz) kommt, ist er meist von einem Ministerium einer Fraktion zugeleitet worden, um eine vorherige Vorlage an den Bundesrat nach Artikel 76 Absatz 2 des Grundgesetzes zu vermeiden. Diese Art der Gesetzesinitiative, die Unterstützung der Regierung durch 'ihre' Fraktionen im Bundestag und der Vorsprung der Ministerien im Fachwissen prägen die parlamentarische Gesetzgebung gouvernemental. Vor allem im Steuer- und Sozialrecht führen die Ministerien längst dem Bundestag die Hand in der Gesetzgebung."[123]

Damit ist offenkundig nicht weniger als die Gewaltenteilung angesprochen. Der Grundsatz der Gewaltenteilung findet seine verfassungsrechtliche Verankerung in Artikel 20 Absatz 2 des Grundgesetzes. Dieses tragende Organisationsprinzip des Verfassungsrechts hat den Sinn, dass die Organe der Legislative, Exekutive und Judikative sich gegenseitig kontrollieren und begrenzen, damit die Staatsmacht gemäßigt und die Freiheit des Einzelnen geschützt wird. Aus dem Gewaltenteilungsprinzip leitet das Bundesverfassungsgericht auch die Lehre vom Kernbereich der Gewalten ab, nach der Funktionsverflechtungen nur soweit möglich sind, wie durch sie nicht in den Kernbereich einer anderen Gewalt eingegriffen wird.[124] Ohne jetzt die – sehr schwierige – Frage nach der Abgrenzung dieser Lehre von der Reichweite des ebenfalls vom Bundesverfassungsgericht akzeptierten sog. Kernbereichs exekutiver Eigenverantwortung[125] strapazieren zu wollen, zeigt die Praxis recht deutlich, dass neue Gesetze sowie Gesetzesänderungen im Steuerrecht letztlich nicht vom Souverän, sondern von der Finanzverwaltung initiiert oder jedenfalls maßgebend konkretisiert werden.

Ob die Finanzverwaltung mit ihrem jeweiligen Vorhaben durchdringt, hängt dann meist nur noch davon ab, wie der Anlass zur Gesetzesänderung erläutert und mit Beispielen unterlegt wird. Die Art der Darstellung ist dabei allerdings ganz entscheidend. Fragt man Parlamentarier etwa allgemein, ob sie wollen, dass deutsche Konzerne Gewinne in Niedrigsteuerländer verlagern können, dann wird sich kaum eine Mehrheit finden, die das goutiert. Der Teufel steckt im Steuerrecht allerdings oft im Detail. Feinheiten zu differenzieren lässt das gegenwärtige System kaum zu. Der gemeine Politiker erkennt und versteht sie nicht, und die Finanzverwaltung nutzt ihre sich so ergebende Chance, bestimmte ihr wichtige Anliegen, die zu erheblichen Schwierigkeiten in der Anwendungspraxis führen oder aber gegen Interessen der deutschen Wirtschaft verstoßen, unter einem bewusst vage gehaltenen, im Grundsatz aber politisch konsensfähigen „Label" gleich mit zu regeln. Der einzige Ausweg aus diesem Dilemma ist meines Erachtens die verpflichtende Installierung von den Gesetzgeber beratenden Gremien, die mit (Steuer)Wissenschaftlern besetzt werden sollten und deren Empfehlungen in einem genau festgelegten Verfahren zu beachten wären. Wissenschaftler stehen noch am wenigsten im Verdacht, einseitige Interessen zu verfolgen. Die derzeitige

Praxis der sog. Expertenanhörungen im Bundestag reicht jedenfalls nicht aus, Verstöße gegen die Gewaltenteilung zu heilen – sie ist im Grunde reine Makulatur.

Fragen der Gewaltenteilung wirft auch die zunehmend zu beobachtende Tendenz auf, dass sich die Finanzverwaltung (schon lange) nicht mehr auf den Vollzug der Steuergesetze beschränkt, sondern letztlich aktive (Steuer-)Politik betreibt. Der jüngst erschienene Fachbeitrag eines durchaus prominenten Angehörigen der Bayerischen Finanzverwaltung zum Thema „Onlinewerbung im Fokus der Betriebsprüfung",[126] der es sogar in das „heute journal" sowie in prominente ausländische Medien „geschafft" hat und nach einem Aufschrei der Öffentlichkeit, der Fachöffentlichkeit sowie von Verbänden und Lobbyisten-Gruppen eigens zum Erlass eines (dementierenden) Verwaltungsschreibens[127] des Bundesfinanzministeriums führte, ist zwar sicherlich ein Extrembeispiel, aber er veranschaulicht das Grundproblem.

Was war geschehen? Wie im 3. Kapital dargestellt, ist der Katalog der inländischen Einkünfte in § 49 des Einkommensteuergesetzes ein abschließender Katalog, der über das Vorliegen einer beschränkten Steuerpflicht eines ausländischen Unternehmens entscheidet. Es ist nach Lage der Dinge in diesem Zusammenhang völlig eindeutig, dass die Firma Google mit ihrer Dienstleistung, für im Inland ansässige Unternehmen Online-Werbung zu schalten, mangels einer physischen Präsenz im Inland nach gegenwärtiger Rechtslage nicht der beschränkten Steuerpflicht unterliegt. Entsprechend unterliegen die inländischen Werbekunden auch nicht der Verpflichtung, auf die an Google gezahlten Entgelte deutsche Quellensteuer einzubehalten und abzuführen. Der genannte Fachbeitrag hatte „aus heiterem Himmel" das Gegenteil behauptet und damit, wie man sich unschwer vorstellen kann, viele Unternehmen in Unruhe versetzt, weil das Schalten von Anzeigen bei Google vielfach zum Tagesgeschäft gehört und auch schnell sehr nennenswerte Beträge in Rede stehen. Wo liegt insoweit die Grenze zwischen einer (auch grundgesetzlich) zulässigen (und erwünschten) fachlichen Diskussion über die Auslegung von Steuergesetzen und dem Betreiben von interessengesteuerter Politik? Letzteres ist jedenfalls eindeutig nicht die Aufgabe der Finanzverwaltung.

Es zeigt sich jüngst leider immer häufiger, dass weder der nationale Gesetzgeber, noch die internationalen Akteure des internationalen

Steuerrechts (allen voran die EU und die OECD) Antworten auf die drängenden steuerlichen Fragen unserer Zeit haben, die einerseits zwar die anstehenden Probleme lösen, andererseits sich aber zugleich an den allgemeinen Prinzipien der Konsistenz, der Folgerichtigkeit, der Praktikabilität, des effizienten, aber gerechten Steuervollzugs, der Normenklarheit und der Rechtssicherheit orientieren. Nach wie vor gibt es hier bei den Rechtsregeln und Normen mit internationalem Anwendungsbereich in der jüngeren Zeit einen ganz erheblichen Nachholbedarf. Des Weiteren gibt, wie dargestellt, v. a. die wenig transparente Politik auf OECD- und EU-Ebene Anlass zur Besorgnis. Die Normgebung und ihr Verfahren sind auf dieser Ebene weitgehend undurchsichtig und dadurch tendenziell wenig demokratisch legitimiert, und die anstehenden, sehr komplexen Probleme werden entweder viel zu schnell oder umgekehrt gar nicht bzw. nur sehr zögerlich angefasst. Sehr komplexe Vorhaben werden einerseits innerhalb weniger Monate durch die europäischen Gremien „gepeitscht", was sich spürbar auf die Qualität auswirkt; andererseits werden wichtige und offenkundige Probleme jahrelang gar nicht erst angepackt. Umgekehrt will die OECD trotz Covid-19 unbedingt an ihrem Zeitplan zu den Säulen 1 und 2 festhalten, was nichts Gutes verheißen lässt und überdies die Warnungen bzw. Forderungen seitens der Wirtschaft und anderer steuerpolitischer Interessengruppen in den Wind schlägt.

Das ist besonders bedenklich, weil wir im internationalen Steuerrecht an nicht weniger als einer Zeitenwende stehen. Die Vorschläge der OECD aus Februar 2019 haben ohne Weiteres das Potenzial, die klassische Architektur, ja geradezu die gesamte althergebrachte Weltsteuerordnung, aus den Angeln zu heben. Die Corona-Pandemie wird diesen Effekt noch verstärken, denn es werden diejenigen Unternehmen aus der Krise als Gewinner (bzw. weniger stark Geschädigte) hervorgehen, die die Digitalisierung am schnellsten bewerkstelligen. Die Nexus-Diskussion kann das Konzept der beschränkten Steuerpflicht in vielen Staaten erheblich ausweiten (und zwar nicht nur im Bereich der digitalen Wirtschaft, sondern generell), die Profit-Allokations-Diskussion kann das Recht der Verrechnungspreise, wie wir es bisher kennen, aufgrund der Hinwendung zum Profit-Split auf den Kopf stellen, und die mögliche globale Mindestbesteuerung kann die herkömmlichen Regeln der Hinzurechnungsbesteuerung möglicherweise sogar (mittelfristig) vollständig ersetzen. Viele der „alten", geradezu klassischen Diskussionen und Problemstellungen des internationalen Steuerrechts können dadurch obsolet werden, aber es werden sich auch viele neue Diskussionen und Problemstellungen ergeben.

Diese neuen Diskussionen und Problemstellungen müssen jedoch für den Steuerpflichtigen, dessen Berater, die Finanzverwaltung und auch die Richterschaft mit den bisherigen, anerkannten Begrifflichkeiten, Rechtsregeln und Dogmatiken des Steuerrechts einigermaßen rechtssicher in den Griff zu bekommen sein. Die von der OECD beabsichtigte Finalisierung und Verabschiedung der oben genannten Vorschläge bis Ende 2020 lässt aber insoweit nichts Gutes vermuten. Dass der „digitale Zug" nicht mehr aufzuhalten ist und dass er auch neue, internationale Verteilungsfragen nach sich zieht, steht hierbei nicht mehr zur Diskussion. Zudem kann ein neues Bauwerk, um mal im oben genannten Bild der Architektur zu bleiben, auch etwas sehr Schönes, etwas Inspirierendes sein. Die Frage ist nur, ob sich die OECD dabei an einem vollständig durchdachten, effizient geplanten und auch in der Praxis durchführbaren Bauprojekt orientiert oder nicht doch vielmehr am Berliner Flughafen.

Wie der „Steuerkrieg" ausgeht, vermag man aus heutiger Perspektive kaum mit Gewissheit zu prognostizieren. Die USA sind gewiss mit Abstand der wichtigste Akteur in diesem steuerpolitischen Wettrüsten, und sie haben sicherlich das größte Interesse innerhalb der Staatengemeinschaft, am Kompromiss der 1920er Jahre festzuhalten. Ihre Digitalunternehmen (z. B. Amazon) haben auch bereits angekündigt, etwaige nationale Digitalsteuern auf ihre Kunden in den Marktstaaten zu überwälzen. Grundsätzlich erscheint natürlich denkbar, dass sich die USA einer Einigung auf OECD-Ebene nicht verschließen werden, aber überwiegend wahrscheinlich ist dies meines Erachtens nicht. Auch im BEPS-Projekt sind sie bei einigen wichtigen Themen ausgestiegen, wie etwa beim Multilateralen Instrument. Gelingt keine Einigung, wird es im internationalen Steuerrecht jedenfalls zu einer Hinwendung zu einseitigen, nationalen Steuermaßnahmen kommen, die nicht aufeinander abgestimmt sind. Dies mag kurzfristig die Steuereinnahmen mancher Marktstaaten erhöhen, weil sie Sachverhalte besteuern, die sie unter dem Kompromiss der 1920er Jahre nicht besteuern dürften. Allerdings werden sich dadurch auch die Handelskosten erhöhen, sodass im Ergebnis wohl nicht viel gewonnen wäre. Natürlich wäre hier ein normatives Prinzip hilfreich, das die Fairness im internationalen Steuerwettbewerb, die Effizienz steuerlicher Maßnahmen oder gar die Steigerung der Wirtschaftskraft in der Welt insgesamt zum Maß allen Handelns erheben würde, aber dies entspricht nun einmal nicht der Realität. Staaten verfolgen, wie viele Menschen auch, in erster Linie nun einmal ihre eigene Agenda.

Abseits dieser noch offenen Frage wird das Steuerrecht auch künftig mit neuen Technologien und Geschäftsmodellen Schritt halten müssen, denn Einnahmen müssen Staaten auch in einer irgendwann einmal nahezu vollständig digitalisierten bzw. post-Corona-Welt erzielen. So ist in letzter Zeit, nicht zuletzt durch Äußerungen von *Bill Gates,* in der jüngeren Vergangenheit die allgemeine Idee einer Robotersteuer populär geworden.[128] Hintergrund dieser Überlegungen ist die Befürchtung, dass durch den zunehmenden Einsatz von künstlicher Intelligenz insbesondere im industriellen Sektor in erheblichem Umfang Arbeitsplätze verloren gehen könnten. Das damit ebenfalls ausfallende bzw. sinkende Lohnsteueraufkommen solle durch eine Robotersteuer zumindest teilweise kompensiert werden. Nach einer Studie von KPMG[129] soll eine solche Steuer konkret schon für den Zeitraum ab dem Jahr 2024 vorstellbar sein, jedoch ohne klare Definition, wie diese Steuer im Einzelnen ausgestaltet sein soll. Immerhin wird dort vorgeschlagen, dass die Steuerlast mit der Anzahl der freigesetzten Arbeitnehmer steigen und durch deren anderweitige Weiterbeschäftigung im Unternehmen wieder gesenkt werden könne. Zudem könne die Steuer z. B. zur Finanzierung des bedingungslosen Grundeinkommens oder für Umschulungen eingesetzt werden.

Auch die EU erkennt das „Problem" der Verbreitung von Robotern und künstlicher Intelligenz, hat sich jedoch dem Vernehmen nach jüngst gegen eine Robotersteuer ausgesprochen, da die Entwicklung nicht gehemmt werden solle. Einem Konkurrenzkampf von Menschen und Maschinen sei vorzubeugen. Eine Steuer könne auch negative Auswirkungen auf die Entwicklung der Technik haben und bei einer rein unilateralen Umsetzung wirtschaftlich Schaden anrichten. Die EU scheint es daher zu bevorzugen, stattdessen eine Debatte über die Entwicklung der Sozial- und Steuersysteme anzustoßen, um auf die Fragen, die durch den Einsatz von Robotern und künstlicher Intelligenz entstehen, rechtzeitig Antworten zu finden.[130] Möglicherweise ist das auch die richtige Herangehensweise, denn nach dem gegenwärtigen System der Ertragsbesteuerung wird in den meisten Staaten der Gewinn bzw. die Wertsteigerung in einem Betriebsvermögen im Ganzen besteuert. Woraus der Gewinn im Einzelnen resultiert, ist irrelevant, sodass auch der Einsatz von Robotern und KI-basierten Anwendungen zu keiner abweichenden

Besteuerung gegenüber dem Einsatz menschlicher Arbeitskraft führt (von Abschreibungen einmal abgesehen). Viele Systeme, die heute schon verwendet werden, nutzen intelligente und robotergestützte Funktionen, die es in praktischer Hinsicht sehr schwierig machen, die Idee der Besteuerung von Robotern zu differenzieren.

Die doch eher plakative Forderung nach einer Robotersteuer ist daher meines Erachtens zu kurz gedacht oder jedenfalls noch nicht ausgereift. Die EU hat daher in ihrem oben angesprochenen Arbeitspapier die Schaffung einer Rechtspersönlichkeit sui generis vorgesehen, an welche die Besteuerung anknüpfen kann, beispielsweise basierend auf dem Roboter zugestandenen Autonomie- und Entscheidungsprozessen. Hieran anknüpfend hat sich in der internationalen Literatur v. a. der Rechtswissenschaftler *Xavier Oberson* für die Einführung einer eigenen Rechtspersönlichkeit für Roboter ausgesprochen.[131] Die Diskussion bewegt sich damit weg von Fragen der sachlichen Steuerpflicht hin zur persönlichen Steuerpflicht. Der Roboter würde also vergleichbar einem Körperschaftsteuersubjekt besteuert. Die Anerkennung einer roboterspezifischen Rechtspersönlichkeit impliziert allerdings auch die Anerkennung einer gewissen elektronischen Beitragsfähigkeit, die es ermöglichen würde, Roboter bereits zivilrechtlich als juristische Personen zu charakterisieren, die mit verschiedenen Rechten und Pflichten ausgestattet sind. Roboter würden somit zu Steuersubjekten bzw. zu Subjekten einer Sondersteuer, die unterschiedlich ausgestaltet werden könnte.

So hätte die Neueinführung einer Robotersteuer als Einkommen- bzw. Körperschaftsteuer den Vorteil der Anerkennung und Abgrenzbarkeit einer eigenen steuerlichen Leistungsfähigkeit des Roboters als Steuersubjekt auf ihrer Seite. Andererseits ist es unmittelbar einsichtig, dass der Roboter diese Steuer nicht selbst zahlen wird können, sodass zwangsläufig eine steuerliche Zurechnung zum rechtlichen oder wirtschaftlichen Eigentümer bzw. perspektivisch bei weitgehender Autonomie des Roboters zum Auftraggeber erfolgen muss. Letzterer würde quasi pro erteiltem Auftrag nach Art einer Quellensteuer zur Kasse gebeten, bei der Zurechnung zu einem Eigentümer könnte der Ansatz eines hypothetischen marktüblichen Gehalts als Anhaltspunkt dienen. Wer die Anerkennung einer eigenen Rechtspersönlichkeit als zu weitgehend empfindet, könnte sich ggf. eher mit dem Gedanken anfreunden, den Roboter in Unternehmen der Lohnsteuer und auch der Sozialversicherung zu unterwerfen. Dann verbliebe es bei der sachlichen Steuerpflicht wie bisher. Auf Unternehmensseite müsste lediglich sichergestellt werden, dass über den Abzug eines hypothetischen Gehalts (als Betriebsausgabe) und Abschreibungen nicht der doppelte Aufwand abgezogen wird.

Vorstellbar ist es auch, die Robotersteuer (ähnlich wie z. B. die Kfz-Steuer) als Objektsteuer auszugestalten. Ansatzpunkte könnten beispielsweise Leistung, Lärm, Schadstoffe, etc. sein, ggf. auch die Verdrängung von menschlichen Arbeitskräften aus den jeweiligen Berufen. Letzteres läuft letztlich auf die Ermittlung und Besteuerung von Kosteneinsparungen hinaus, die durch den Einsatz von Robotern entstehen. Eine solche Steuer funktioniert indes nur, solange Eigentum an dem Roboter besteht und er nicht durch eine eigene Rechtspersönlichkeit sich selbst gehört. Ein Gleiches gilt für die Überlegung einer nach dem Äquivalenzprinzip gestalteten allgemeinen Abgabe („Gebühr") für die Nutzung von Robotern.

Abschließend erscheint es ebenfalls möglich, die Aktivitäten von Robotern alternativ oder zusätzlich auch einer indirekten Steuer, namentlich der Umsatzsteuer, zu unterwerfen. Eine eigene Steuerrechtssubjektivität würde es ermöglichen, den Roboter auch als umsatzsteuerlichen Unternehmer anzusehen. Nach der zugrunde liegenden europäischen Richtlinie 2006/112/EG[132] ist dies jedenfalls wohl nicht ausgeschlossen. Jedoch kontrolliert (bislang) der Mensch im Hintergrund, sodass es fraglich ist, ab welchem Punkt der Autonomie die Unternehmereigenschaft eingreifen soll. Auf der zweiten Stufe der Steuerpflicht wäre sodann zu entscheiden, inwiefern bei steuerpflichtigen bzw. steuerfreien Leistungen ein Vergleich mit der menschlichen Leistung möglich ist oder ob Differenzierungen geboten sind. Ggf. wären dann eigene, umsatzsteuer- bzw. roboterspezifische Tatbestandsmerkmale zu entwickeln.

Auch vor diesem Hintergrund werden sich perspektivisch neue zwischenstaatliche Verteilungskämpfe um Besteuerungssubstrat entwickeln, denn sobald Roboter tatsächlich einmal ein grundsätzlich steuerpflichtiges Einkommen erzielen, ist kein Grund ersichtlich, warum sie insoweit nicht auch grenzüberschreitend eingesetzt werden können – oder vielleicht sogar im Weltraum oder auf anderen Planeten. Wem das derzeit zu fernliegend erscheint, dem sei gesagt, dass sich die internationale gemeinnützige Organisation International Fiscal Association,[133] die sich der wissenschaftlichen Aufbereitung des internationalen Steuerrechts verschrieben hat und deren deutsche Landesgruppe die Deutsche Vereinigung für Internationales Steuerrecht[134] ist, auf ihrem Weltkongress 2019 in London bereits in einem Seminar mit dem Thema „Taxation of Space" beschäftigt hat. Wem gehören der Weltraum und seine Himmelskörper steuerrechtlich betrachtet? Nach Artikel II des völkerrechtlichen Weltraumvertrags[135] aus dem Jahr 1969 (also dem Jahr der ersten Mondlandung!) ist es bislang Staaten untersagt, Hoheitsrechte am Weltraum inklusive des Mondes und anderer Himmelskörper zu begründen. Ähnliche Fragen stellen sich auch in Bezug auf die Ozeane und Hoheitsgewässer. Dem Vernehmen nach möchte die deutsche Finanzverwaltung auch hinsichtlich der Ausbeutung der Meere künftig weitergehende Besteuerungsansprüche anmelden als bislang. Steuerliche Verteilungsfragen werden sich also perspektivisch gewiss auch hier stellen – entweder im Hinblick auf die Ausbeutung durch verschiedene Staaten oder aber, zugegeben sehr „abgespaced", im Hinblick auf die pekuniären Ansprüche außerirdischer Lebensformen. Zu einem „Krieg der Sterne" wird sich der „Krieg der Fisci" jedenfalls allein deshalb hoffentlich nicht ausweiten.

Anmerkungen

1 Jahressteuergesetz 2007, BGBl. 2006 I 2879 ff.

2 Der Satz wird gemeinhin dem deutschen Journalisten *Carl Ludwig Börne* (1786–1837) zugeschrieben.

3 Vgl. zum Beispiel die Untersuchung von *Kevin M. Dear,* Leistungsgerechtigkeit im Politischen Liberalismus, Weilerswist-Metternich 2018.

4 Allein der Verteidigungshaushalt wuchs in 2019 gegenüber 2018 um 12%, siehe https://www.spiegel.de/ wirtschaft/soziales/staatsausgaben-bundeshaushalt-steigt-2019-auf-356-milliarden-euro-a-1237523.html.

5 Dazu lesenswert *Wrede,* Ökonomische Theorie des Steuerentzuges, Dissertation, Heidelberg 1993.

6 Artikel 106 ff. Grundgesetz (sog. Finanzverfassungsrecht).

7 Quelle: https://www.tagesschau.de/wirtschaft/2019-steuerschaetzung-november-101.html.

8 Zuletzt für 2018: https://www.bundesfinanzministerium.de/Content/DE/Bilderstrecken/Infografiken/Info-grafiken-Steuern-Allgemein/2018-05-07-Steuerspirale.html.

9 Der Wirtschaftswissenschaftler *Smith* formulierte bereits im Jahr 1776 vier bis heute wegweisende Maximen der Besteuerung: Gleichheit der Besteuerung nach Maßgabe der Leistungsfähigkeit, Bestimmtheit der Besteuerung, Bequemlichkeit der Besteuerung für die Steuerpflichtigen und Billigkeit der Steuererhebung für den Staat, vgl. *Adam Smith,* Der Reichtum der Nationen, London 1789, S. 703 ff.

10 Bundesverfassungsgericht vom 22.6.1995, Az. 2 BvL 37/91, BStBl. II 1995, 655 ff.

11 Bei der Reinvermögenszugangstheorie handelt es sich um eine finanzwissenschaftliche Einkommenstheorie, die auch unter dem Namen Schanz-Haig-Simons-Konzept bekannt ist. Sie geht auf den Ökonomen *von Schanz* (1896) zurück und wurde unter *Haig* (1921) und *Simons* (1938) fortgeschrieben.

12 Entwickelt durch *Franz Guth,* Die Lehre vom Einkommen in dessen Gesammtzweigen. Aus dem Standpunkte der Nationalöconomie nach einer selbstständigen theoretisch-practischen Anschauung, 1869.

13 Instruktiv zu den Opfertheorien im Zusammenhang mit allgemeinen Überlegungen zur Steuergerechtigkeit *Sahm,* Theorie und Ideengeschichte der Steuergerechtigkeit, Wiesbaden 2019.

14 Vgl. hierzu statt vieler BFH vom 6. Juli 1989, Az. IV R 91-92/87, BStBl. II 1990, 49 ff. und BFH vom 18. April 1991, Az. IV R 13/90, BStBl. II 1991, 751 ff. Allenfalls sog. typische Berufskleidung (vgl. § 9 Absatz 1 Nr. 6 Einkommensteuergesetz) ist steuerlich abzugsfähig.

15 Grundlegend zum Äquivalenzprinzip *Wicksell,* Finanztheoretische Untersuchungen: Über ein neues Prinzip der gerechten Besteuerung, Jena 1896.

16 *Thomas Hobbes,* Leviathan, 1651.

17 *Lorenz von Stein,* Lehrbuch der Finanzwissenschaft, 1885.

18 Dazu aus jüngerer Zeit instruktiv *James R. Hines,* Excess Burden of Taxation, Working Paper, Product No. WP 2007-1, May 31, 2007, University of Michigan, Ross School of Business.

19 https://www.bundesfinanzministerium.de/Content/DE/Pressemitteilungen/Finanzpolitik/2019/05/2019-05-09-pm-steuerschaetzung.html.

20 Quelle: https://www.tagesschau.de/inland/corona-deutschland-steuerschaetzungen-101.html.

21 Vgl. aber nunmehr das im Jahr 2019 erlassene Gesetz zur steuerlichen Förderung von Forschung und Entwicklung (Forschungszulagengesetz).

22 Sog. Territorialitätsprinzip; dazu *Verdross/Simma,* Universelles Völkerrecht, § 1183.

23 Bundesverfassungsgericht vom 22.3.1983, Az. 2 BvR 275/78, BVerfGE 63, S. 343 ff. im Gliederungspunkt B.II.4b der Entscheidungsgründe.

24 Siehe dazu die letzte verfügbare, groß angelegte Studie der Beratungsgesellschaft PwC zum Thema „Betriebsprüfung 2018": https://www.pwc.de/de/steuerberatung/pwc-studie-betriebspruefung-20191.pdf.

25 Bundesfinanzhof vom 20.5.1997, Az. VIII B 108/96, BFHE 183, S. 174 ff. im Gliederungspunkt II.2.c der Gründe.

26 Beispiel: https://www.faz.net/aktuell/wirtschaft/digitec/google-schleuste-20-milliarden-euro-durch-steuerschlupfloch-15972337.html.

27 Vgl. dazu beispielsweise *Treu,* Die Bedeutung von Staat und Markt im „System der natürlichen Freiheit" bei Adam Smith, Ernst-Moritz-Arndt-Universität Greifswald, Rechts- und Staatswissenschaftliche Fakultät, Wirtschaftswissenschaftliche Diskussionspapiere 07/2007, abrufbar unter https://rsf.uni-greifswald.de/fileadmin/uni-greifswald/fakultaet/rsf/forschung/diskussionspapiere/Arbeitsberichte_2007/07-2007.pdf.

28 Dazu lesenswert *Rudat,* Steuerneutralität im Europäischen Binnenmarkt – Die Prinzipien der Kapitalexport- und Kapitalimportneutralität im Internationalen Steuerrecht und ihr Verhältnis zum Europäischen Binnenmarkt, Dissertation, Hamburg 2010.

29 Nähere Informationen hierzu unter https://www.bzst.de/DE/Unternehmen/EU-International/Verstaendigungsverfahren/verstaendigungsverfahren.html.

30 Der Stand der DBA per 1. Januar 2020 ist abrufbar unter https://www.bundesfinanzministerium.de/Content/DE/Downloads/BMF_Schreiben/Internationales_Steuerrecht/Allgemeine_Informationen/2020-01-15-stand-DBA-1-januar-2020.pdf?__blob=publicationFile&v=2.

31 Siehe § 49 Absatz 1 Nr. 2 Buchstabe g EStG.

32 Siehe § 49 Absatz 1 Nr. 5 Buchstabe c Doppelbuchstabe a EStG.

33 Siehe hierzu sowie auch für das Folgende ausdrücklich: https://europa.eu/european-union/topics/taxation_de.

34 Grundlage hierfür ist die Richtlinie 2006/112/EG des Rates vom 28. November 2006 über das gemeinsame Mehrwertsteuersystem, abrufbar unter https://eur-lex.europa.eu/legal-content/DE/TXT/?uri= celex:32006L0112.

35 Weitere Informationen unter https://ec.europa.eu/taxation_customs/business/company-tax/parent-companies-their-subsidiaries-eu-union_de.

36 Weitere Informationen unter https://ec.europa.eu/taxation_customs/business/company-tax/merger-directive_de.

37 Weitere Informationen unter https://ec.europa.eu/taxation_customs/business/company-tax/transfer-pricing-eu-context/transfer-pricing-arbitration-convention_de.

38 Weitere Informationen unter https://www.bzst.de/DE/Unternehmen/Intern_Informationsaustausch/ EUZinsrichtlinie/AllgemeineInformationen/allgemeineinformationen_node.html.

39 Weitere Informationen unter https://ec.europa.eu/taxation_customs/business/company-tax/taxation-crossborder -interest-royalty-payments-eu-union_de.

40 Weitere Informationen unter https://ec.europa.eu/taxation_customs/business/company-tax/common-consolidated-corporate-tax-base-ccctb_de.

41 Im Februar 2012 erfolgte die seinerzeit recht überraschende Veröffentlichung eines deutsch-französischen Grünbuchs, in dem sechs Arbeitsfelder für die Zusammenarbeit identifiziert werden (Steuersätze, Organschaft, Betriebseinnahmen und Betriebsausgaben, Verlustabzug, Abschreibungen und Personengesellschaften), vgl. dazu *BMF*, Grünbuch der Deutsch-Französischen Zusammenarbeit, Konvergenzpunkte bei der Unternehmensbesteuerung aus Februar 2012.

42 Vgl. nur *Piketty*, Die EU muss eigene Steuern erheben dürfen, veröffentlicht am 6. Januar 2019 in der „Welt"; abrufbar unter https://www.welt.de/debatte/kommentare/article185231242/Thomas-Piketty-Die-EU-muss-eigene-Steuern-erheben-duerfen.html.

43 Weitere Informationen unter https://www.dws-institut.de/sites/default/files/ue_document/file_id/80650_DWSV_840_Bd41_Symposium_2017_Internet.pdf.

44 https://www.juve-steuermarkt.de/nachrichten/namenundnachrichten/2018/10/apple-steuerstreit-eu-kommission-stellt-verfahren-gegen-irland-ein.

45 So z. B. bei der sog. Sanierungsklausel in § 8c Körperschaftsteuergesetz, wonach – anders als im Normalfall – beim Verkauf von sanierungsbedürftigen Unternehmen vorhandene Verlustvorträge unter bestimmten Voraussetzungen nicht untergehen. Inzwischen hat der Europäische Gerichtshof entschieden, dass in der Regelung keine unerlaubte Beihilfe zu sehen ist, vgl. die Informationen unter https://www.steuerberaterkammer-muenchen.de/de/aktuelles/pressemitteilungen_und_fachnachrichten/archiv/september_2018/eugh_entscheidet_sanierungsklausel_des_8c_abs_a_kstg_keine_unzul%C3%A4ssige_beihilfe/index_ger.html.

46 Dazu sowie für das Folgende ausdrücklich http://www.europarl.europa.eu/germany/de/europa-und-europawahlen/rolle-und-aufgaben.

47 Siehe https://www.bundesfinanzministerium.de/Content/DE/Standardartikel/Ministerium/2020-01-02-bmfintern-mikfeld.html.

48 https://www.bundesfinanzministerium.de/Content/DE/Standardartikel/Themen/Internationales_Finanzmarkt/G7-G20/20190609-G20-Fukuoka.html.

49 Siehe http://www.oecd.org/tax/beps/inclusive-framework-on-beps-composition.
pdf.

50 Zu dieser Geschichte instruktiv https://www.univie.ac.at/juridicumlawreview/
wp-content/uploads/2014/12/JLR-Warter-3-111-136.pdf.

51 Gesetz wegen Beseitigung der Doppelbesteuerung, Bundesgesetzblatt des Norddeutschen Bundes 1870/14, 119f.; Textabdruck Umschlagseite III, IStR-Heft
24/2006.

52 Staatsvertrag vom 21. Juni 1899, Österreichisches Reichsgesetzblatt 1900/118.

53 League of Nations, Geneva 5. April 1923. Economic and Financial Commission.
Report on Double Taxation submitted to the Financial Committee by Professors
Bruins, Einaudi, Seligman and Sir Josiah Stamp. Doc. E. F. S. 73, F. 19.

54 Vgl. hierzu sowie für das Folgende ausdrücklich das Grundsatzpapier des BDI zur
Entwicklungspolitik aus April 2016, abrufbar unter https://bdi.eu/media/themen-
felder/internationale_maerkte/publikationen/Grundsatzpapier_Entwicklungspoli-
tik__April_2016.pdf.

55 Siehe hierzu sowie für das Folgende ausdrücklich https://www.wirtschaftsdienst.
eu/inhalt/jahr/2013/heft/6/beitrag/steuerflucht-und-steueroasen.html.

56 Tz. 4 des OECD-Musterkommentars zu Vor Artikel 1 OECD-Musterabkommen
2017.

57 Erhältlich unter https://www.oecd.org/berlin/publikationen/oecd-musterabkom-
menzurvermeidungvondoppelbesteuerung.htm.

58 Abrufbar unter https://www.bundesfinanzministerium.de/Content/DE/Stan-
dardartikel/Themen/Steuern/Internationales_Steuerrecht/Allgemeine_Informa-
tionen/2013-08-22-Verhandlungsgrundlage-Doppelbesteuerungsabkommen-Steu-
ern-vom-Einkommen-und-Vermoegen.html.

59 Vgl. zuletzt die Übersicht vom 1. Januar 2020, abrufbar unter https://www.bundes-
finanzministerium.de/Content/DE/Downloads/BMF_Schreiben/Internationales_
Steuerrecht/Allgemeine_Informationen/2020-01-15-stand-DBA-1-januar-2020.
pdf?__blob=publicationFile&v=2.

60 Materialien hierzu abrufbar unter https://www.vilp.de/treaty_full?lid=en&cid=153.

61 Beschluss des Bundesverfassungsgerichts vom 15.12.2015, Az. 2 BvL 1/12, DÖV
2016, S. 865.

62 Beispiele finden sich etwa in § 50d Absatz 1 Satz 1, Absätze 3, 8 und 9 Einkommensteuergesetz und in § 20 Absatz 2 Außensteuergesetz.

63 Beschluss vom 20.5.1997, Az. VIII B 108/96, BB 1997 Heft 35, S. 1782.

64 DIE ZEIT Nr. 24/2017, 8. Juni 2017: Der größte Steuerraub in der deutschen Geschichte.

65 https://www.juve-steuermarkt.de/nachrichten/namenundnachrichten/2019/12/
richter-im-cum-ex-prozess-geschaefte-in-dieser-konstellation-sind-strafbar-2.

66 Vgl. dazu die Studie „The European Tax Gap" des britischen Steuerrechtsprofes-
sors Richard Murphy, abrufbar unter https://www.oegb.at/cs/Satellite?blobcol=
urldata&blobheadername1=content-type&blobheadername2=content-disposition&
blobheadervalue1=application%2Fpdf&blobheadervalue2=inline%3B+filename%
3D%22Studie_von_Richard_Murphy_zur_Steuerhinterziehung_%2528auf_
Englisch%2529.pdf%22&blobkey=id&blobnocache=false&blobtable=Mungo-
Blobs&blobwhere=1342669179373&ssbinary=true&site=S06.

67 Vgl. zum Ganzen etwa die Studie von *Wolfgang Franzen*, Steuermoral und Steuerhinterziehung, Forschungsstelle für empirische Sozialökonomik, e. V., Köln 2009.

68 Die Diskussion um die deutsche Wegzugsbesteuerung begann Ende der 60er Jahre, als sich der deutsche „Kaufhauskönig" Horten in die Schweiz verabschiedet hatte, um dort einen Veräußerungsgewinn in Milliardenhöhe steuerfrei zu vereinnahmen. Diese „Steuerflucht" sollte mit den Regelungen des 1972 verabschiedeten Außensteuergesetzes für die Zukunft unterbunden werden.

69 Vgl. dazu Europäischer Gerichtshof vom 14.9.2006, Az. C-386/04, Slg. 2006, I-8203, Rn. 50 in der Rechtssache *Stauffer*.

70 Vgl. dazu etwa Europäischer Gerichtshof vom 12.9.2006, Az. C-196/04, Slg. 2006, I-7995, Rn. 51 ff. zur englischen Hinzurechnungsbesteuerung in der Rechtssache *Cadbury Schweppes*.

71 Richtlinie 2011/16/EU des Rates vom 15. Februar 2011 über die Zusammenarbeit der Verwaltungsbehörden im Bereich der Besteuerung und zur Aufhebung der Richtlinie 77/799/EWG, abrufbar unter https://eur-lex.europa.eu/LexUriServ/LexUriServ.do?uri=OJ:L:2011:064:0001:0012:DE:PDF.

72 Richtlinie 2015/121/EU des Rates vom 27. Januar 2015 zur Änderung der Richtlinie 2011/96/EU über das gemeinsame Steuersystem der Mutter- und Tochtergesellschaften verschiedener Mitgliedstaaten.

73 Richtlinie 2016/1164/EU des Rates vom 12. Juli 2016 mit Vorschriften zur Bekämpfung von Steuervermeidungspraktiken mit unmittelbaren Auswirkungen auf das Funktionieren des Binnenmarkts.

74 Vgl. dazu etwa https://www.ndr.de/nachrichten/investigation/Luxemburg-Leaks,luxleaksindex100.html.

75 Weitere Informationen z. B. unter https://www.zeit.de/wirtschaft/2019-04/panama-papers-steuermehreinnahmen-thomas-schaefer-verfahren.

76 Sie hierzu sowie auch für das Folgende ausdrücklich https://panamapapers.sueddeutsche.de/articles/56ff9a28a1bb8d3c3495ae13/.

77 Vgl. insoweit den von der EU verabschiedeten, unverbindlichen „Code of Conduct", der im Bereich der schädlichen Steuerpraktiken Abhilfe schaffen soll: Entschließung des Rates und der im Rat vereinigten Vertreter der Regierungen der Mitgliedstaaten vom 1.12.1997 über einen Verhaltenskodex in der Unternehmensbesteuerung, ABl. EG Nr. C 1998, 1 ff.; siehe hierzu http://www.oecd.org/tax/transparency/about-the-global-forum/publications/harmful-tax-competition-emerging-global-issue.pdf.

78 Siehe hierzu sowie für das Folgende ausdrücklich https://www.consilium.europa.eu/de/council-eu/preparatory-bodies/code-conduct-group/.

79 Abrufbar unter https://ec.europa.eu/taxation_customs/business/company-tax/harmful-tax-competition_en.

80 Abrufbar unter https://ec.europa.eu/taxation_customs/sites/taxation/files/com_2012_722_de.pdf.

81 Der Bericht ist abrufbar unter https://read.oecd-ilibrary.org/taxation/harmful-tax-competition_9789264162945-en#page1.

82 Die Fortschritte der Arbeiten wurden in den Jahren 2000 und 2004 u. a. in sog. Progress Reports festgehalten. Die Reports sind abrufbar unter http://www.oecd.org/ctp/harmful/2090192.pdf.

83   Siehe dazu allgemein https://ec.europa.eu/taxation_customs/business/tax-coope-
      ration-control/administrative-cooperation/enhanced-administrative-cooperation-
      field-direct-taxation_de.
84   Siehe nur das Beispiel Apple: https://ec.europa.eu/germany/news/irland-muss-bis-
      zu-13-milliarden-euro-steuern-von-apple -nachfordern_de.
85   Siehe dazu https://www.rwi.uzh.ch/dam/jcr:ffffffff-8b7c-9691-ffff-fffffd017d93/
      Matteotti_Roth_IP-Box_ST_10-2014_842_f.pdf.
86   Siehe dazu http://europa.eu/rapid/press-release_IP-14-2742_en.htm.
87   Siehe dazu sowie für das Folgende ausdrücklich Wolfgang *Schön,* Ist Steuerwett-
      bewerb illegal? Frankfurter Allgemeine Zeitung (276), 2014, S. 20.
88   Im Internet abrufbar unter http://www.oecd.org/tax/beps/beps-actions.htm.
89   Siehe die folgenden Kurzbeschreibungen bei http://www.oecd.org/berlin/publi-
      kationen/addressing-base-erosion-and-profit-shifting.htm.
90   Siehe zu diesem Aktionspunkt auch den finalen OECD-Bericht vom 5. Ok-
      tober 2015, im Internet abrufbar unter http://www.oecd.org/tax/addres-
      sing-the-tax-challenges-of-the-digital-economy-action-1-2015-final-report-
      9789264241046-en.htm.
91   Siehe zu diesem Aktionspunkt auch den finalen OECD-Bericht vom 5. Ok-
      tober 2015, im Internet abrufbar unter http://www.oecd.org/tax/neutralising-
      the-effects-of-hybrid-mismatch-arrangements-action-2-2015-final-report-
      9789264241138-en.htm.
92   Siehe zu diesem Aktionspunkt auch den finalen OECD-Bericht vom 5. Oktober
      2015, im Internet abrufbar unter http://www.oecd.org/tax/designing-effective-
      controlled-foreign-company-rules-action-3-2015-final-report-9789264241152-en.
      htm.
93   Siehe zu diesem Aktionspunkt auch den überarbeiteten, finalen OECD-Bericht
      vom 22. Dezember 2016, im Internet abrufbar unter http://www.oecd.org/tax/
      beps/limiting-base-erosion-involving-interest-deductions-and-other-financial-
      payments-action-4-2016-update-9789264268333-en.htm.
94   Siehe zu diesem Aktionspunkt auch den finalen OECD-Bericht vom 5. Oktober
      2015, im Internet abrufbar unter http://www.oecd.org/tax/countering-harmful-
      tax-practices-more-effectively-taking-into-account-transparency-and-substance-
      action-5-2015-final-report-9789264241190-en.htm.
95   Siehe zu diesem Aktionspunkt auch den überarbeiteten, finalen OECD-Bericht
      vom 5. Oktober 2015, im Internet abrufbar unter http://www.oecd.org/tax/
      preventing-the-granting-of-treaty-benefits-in-inappropriate-circumstances-ac-
      tion-6-2015-final-report-9789264241695-en.htm.
96   Siehe zu diesem Aktionspunkt auch den finalen OECD-Bericht vom 5. Oktober
      2015, im Internet abrufbar unter http://www.oecd.org/tax/preventing-the-arti-
      ficial-avoidance-of-permanent-establishment-status-action-7-2015-final-report-
      9789264241220-en.htm.
97   Siehe zu diesen Aktionspunkten auch den finalen OECD-Bericht vom 5. Okto-
      ber 2015, im Internet abrufbar unter http://www.oecd.org/tax/aligning-trans-
      fer-pricing-outcomes-with-value-creation-actions-8-10-2015-final-reports-
      9789264241244-en.htm, den finalen OECD-Bericht vom 5. Oktober 2015, im
      Internet abrufbar unter http://www.oecd.org/tax/aligning-transfer-pricing-out-

comes-with-value-creation-actions-8-10-2015-final-reports-9789264241244-en.
htm sowie den finalen OECD-Bericht vom 5. Oktober 2015, im Internet abrufbar
unter http://www.oecd.org/tax/aligning-transfer-pricing-outcomes-with-value-
creation-actions-8-10-2015-final-reports-9789264241244-en.htm.

98 Siehe zu diesem Aktionspunkt auch den finalen OECD-Bericht vom 5. Oktober
2015, im Internet abrufbar unter http://www.oecd.org/tax/measuring-and-moni-
toring-beps-action-11-2015-final-report-9789264241343-en.htm.

99 Siehe zu diesem Aktionspunkt auch den finalen OECD-Bericht vom 5. Oktober
2015, im Internet abrufbar unter http://www.oecd.org/tax/mandatory-disclosure-
rules-action-12-2015-final-report-9789264241442-en.htm.

100 Siehe zu diesem Aktionspunkt auch den finalen OECD-Bericht vom 5. Oktober
2015, im Internet abrufbar unter http://www.oecd.org/tax/transfer-pricing-do-
cumentation-and-country-by-country-reporting-action-13-2015-final-report-
9789264241480-en.htm.

101 Siehe zu diesem Aktionspunkt auch den finalen OECD-Bericht vom 5. Oktober
2015, im Internet abrufbar unter http://www.oecd.org/tax/making-dispute-resolu-
tion-mechanisms-more-effective-action-14-2015-final-report-9789264241633-en.
htm.

102 Siehe zu diesem Aktionspunkt auch den finalen OECD-Bericht vom 5. Oktober
2015, im Internet abrufbar unter http://www.oecd.org/tax/developing-a-multi-
lateral-instrument-to-modify-bilateral-tax-treaties-action-15-2015-final-report-
9789264241688-en.htm.

103 Siehe für das Folgende ausdrücklich die Q&A-Seite des deutschen BMF zum BEPS-
Projekt unter https://www.bundesfinanzministerium.de/Content/DE/FAQ/2017-
06-02-faq-beps.html.

104 Abrufbar unter https://www.bundesfinanzministerium.de/Content/DE/Presse-
mitteilungen/Finanzpolitik/2017/06/2017-06-06-PM17-beps.html.

105 OECD, BEPS. Project: Addressing the Tax Challenges of the Digital Economy,
Action 1: Final Report, 2015, Rn. 364: „Because the digital economy is increasing-
ly becoming the economy itself, it would not be feasible to ring-fence the digital
economy from the rest of the economy for tax purposes."

106 Siehe hierzu sowie für das Folgende ausdrücklich *Lissi/Jäggi*, Besteuerung der digitalen Wirtschaft, in: schulthess manager handbuch 2018/2019, 155 ff., abrufbar
unter https://www.taxpartner.ch/resources/Alberto-Lissi_Oliver-Jaeggi_Besteue-
rung-der-digitalen-Wirtschaft.pdf.

107 Abrufbar unter https://www.oecd.org/tax/administration/20499630.pdf.

108 Abrufbar unter https://www.oecd.org/ctp/tax-challenges-arising-from-digitali-
sation-interim-report-9789264293083-en.htm.

109 Richtlinienvorschlag abrufbar unter https://ec.europa.eu/taxation_customs/sites/
taxation/files/proposal _significant_digital_presence_21032018_de.pdf.

110 Richtlinienvorschlag abrufbar unter https://eur-lex.europa.eu/legal-content/DE/
TXT/?uri=CELEX:52018PC0148.

111 FAZ vom 6.3.2019, abrufbar unter https://www.faz.net/aktuell/wirtschaft/digitec/
die-google-steuer-trifft-die-falschen-16073613.html.

112 Zu den ökonomischen und fiskalischen Auswirkungen der EU-Digitalsteuer sowie für das Folgende vgl. ausdrücklich https://www.ifo.de/DocDL/Studie-Digitalsteuer-2018.pdf.

113 So beispielsweise der Vorschlag von *Clemens Fuest,* Präsident des Ifo-Instituts für Wirtschaftsforschung, siehe https://www.sueddeutsche.de/wirtschaft/schwarzenull-flaute-konjunktur-oekonomen-1.4618926.

114 Siehe zu den Zielen der Digitalsteuern https://www.ifo.de/DocDL/Studie-Digitalsteuer-2018.pdf.

115 OECD (2019), Programme of Work to Develop a Consensus Solution to the Tax Challenges Arising from the Digitalisation of the Economy, OECD/G20 Inclusive Framework on BEPS, OECD Publishing, Paris; abrufbar unter https://www.oecd. org/tax/beps/programme-of-work-to-develop-a-consensus-solution-to-the-taxchallenges-arising-from-the-digitalisation-of-the-economy.pdf.

116 Siehe https://www.sueddeutsche.de/wirtschaft/oecd-warnung-vor-steuerkrieg-1.4772650.

117 Vgl. zum Ganzen sowie für das Folgende ausdrücklich https://www.roedl.de/ themen/verrechnungspreise/profitallokation-oecd-digitalisierung-immateriellewirtschaftsgueter.

118 Siehe hierzu im Ganzen sowie für das Folgende ausdrücklich https://bdi.eu/artikel/ news/2-saeule-der-oecd-vorschlaege-globale-effektive-mindestbesteuerung-vonunternehmensgewinnen/.

119 Abrufbar unter https://www.oecd.org/tax/beps/statement-by-the-oecd-g20-inclusive-framework-on-beps-january-2020.pdf.

120 *Kahnemann,* Thinking, Fast and Slow, 2011, S. 368 f.

121 *Rodrik,* The Globalization Paradox: Why Global Markets, States, and Democracy Can't Coexist, Oxford University Press, 2011.

122 *Kirchhof,* Ansätze zur rechtsstaatlich und demokratisch besseren Gesetzgebung, in: Hey/Schwarz/Reimer/Karpen/Kirchhof (Hrsg.), ifst-Schrift 527 (2019), Chancen guter Gesetzgebung in einer komplexen Welt, S. 50 m. w. N.

123 *Kirchhof,* Ansätze zur rechtsstaatlich und demokratisch besseren Gesetzgebung, in: Hey/Schwarz/Reimer/Karpen/Kirchhof (Hrsg.), ifst-Schrift 527 (2019), Chancen guter Gesetzgebung in einer komplexen Welt, S. 52.

124 BVerfGE 7, S. 183, 188; BVerfGE 8, S. 155, 169 f.

125 Grundlegend BVerfGE 67, S. 100 ff. im sog. „Flick-Urteil".

126 *Hruschka,* Deutsches Steuerrecht 2019, 88 ff.; Repliken bei *Haase,* Deutsches Steuerrecht 2019, 761 ff. sowie *Linn,* Deutsches Steuerrecht 2019, 418 ff.

127 Bundesfinanzministerium vom 3.4.2019, Deutsches Steuerrecht 2019, 797 ff.

128 FAZ, Bill Gates fordert Roboter-Steuer, http://www.faz.net/aktuell/wirtschaft/ netzwirtschaft/automatisie-rung- bill-gates-fordert-roboter-steuer-14885514.html (28/06/19); ebenso SZ, Bill Gates fordert Robotersteuer, https://www.sueddeutsche.de/wirtschaft/digitalisierung-bill-gates-fordert-robotersteuer-1.3386861.

129 KPMG, Studie – Wertschöpfung neu gedacht – Von Humanoiden, KIs und Kollege Roboter, S. 65; abrufbar unter https://hub.kpmg.de/ki-studie-2018.

130 Zum Ganzen Entschließung des Europäischen Parlaments vom 16. Februar 2017 mit Empfehlungen an die Kommission zu zivilrechtlichen Regelungen im Bereich Robotik, 2015/2103(INL), Tz. K, S. 4.

131 *Oberson,* World Tax Journal, May 2017, 250 ff.
132 Richtlinie 2006/112/EG des Rates über das gemeinsame Mehrwertsteuersystem (RL 2006/112/EG).
133 https://www.ifa.nl.
134 https://www.ifa-deutschland.de.
135 Von Deutschland ratifiziert: Gesetz zu dem Vertrag vom 27.1.1969 über die Grundsätze zur Regelung der Tätigkeiten von Staaten bei der Erforschung und Nutzung des Weltraums einschließlich des Mondes und anderer Himmelskörper vom 20.10.1969, BGBl. 1969 II 1967 ff.